做个不生气的好妈妈

孙雅莉 / 著

全国百佳图书出版单位
化学工业出版社
·北京·

图书在版编目（CIP）数据

做个不生气的好妈妈 / 孙雅莉著. — 北京：化学工业出版社，2017.4（2024.5重印）
ISBN 978-7-122-29250-6

Ⅰ. ①做… Ⅱ. ①孙… Ⅲ. ①家庭教育 Ⅳ. ①G78

中国版本图书馆CIP数据核字（2017）第048132号

责任编辑：马　骄　梁郁菲　　　　装帧设计：史利平
责任校对：宋　夏

出版发行：化学工业出版社（北京市东城区青年湖南街13号　邮政编码100011）
印　　装：北京盛通数码印刷有限公司
710mm×1000mm　1/16　印张 11 1/2　字数 142 千字　2024 年 5 月北京第 1 版第 14 次印刷

购书咨询：010-64518888　　　　　　　售后服务：010-64518899
网　　址：http://www.cip.com.cn
凡购买本书，如有缺损质量问题，本社销售中心负责调换。

定　　价：49.90元　　　　　　　　　　　　　　　　版权所有　违者必究

序

不生气，才能遇见更好的孩子和自己

我的女儿小豆大概 4 岁的时候，有一次她在客厅里玩玩具，我独自坐在阳台上看书。我正看得入迷的时候，就听到"哗啦"一声，我赶紧放下书跑过去看。

原来是小豆把桌子上的一个杯子碰到了地上，杯子摔碎了。我当时一下子就发火了，可能是我真的很担心碎片划伤小豆，也从心里讨厌她这种淘气。我相信如果你是一位母亲，也能理解我当时的心情。

我一边打扫，一边对着她吼叫起来，我说："你怎么这么不小心啊！你玩玩具就好了，干什么要碰这个杯子，你知不知道这样很危险？"

"我……呜呜呜……"小豆想说什么，但是她可能被我的吼叫吓坏了，眼泪忍不住流了下来。

这下我更来气了："哭什么哭！说你两句你就哭，还说错你了吗？"

"哇……"小豆哭得更厉害了。

"闭上嘴！"我叉着腰。

小豆强忍着不敢哭那么大声了，但是眼泪还是不住地往下流。

我想，这个时候我必须要好好教育一下她了："以后玩什么或是干什么，都要看着点。这要是被玻璃扎破了，你会流很多血，知道吗？"

小豆点点头。

我想继续给她讲道理，但是小豆一边哭一边说："妈妈……呜呜……我只想给你倒杯水，你半天没喝水了……"

我知道她说的是真的。那一瞬间，我一点脾气都没有了，所有想要批评她的话全都从大脑中消失了，只是真实地感觉到，孩子是那么懂事，那么体贴人。

我的眼眶湿润了，一把搂住她："好了，妈妈谢谢你，小豆，妈妈原谅你了。"

搂了一会儿，小豆不哭了，小声地在我耳边问道："妈妈，那，你还爱我吗？"

这句话让我瞬间泪如雨下："妈妈爱你，妈妈只是担心你受伤，孩子。"

"妈妈不哭，我没受伤。"小豆自己的脸上还挂着泪珠，却伸出小手给我擦拭脸上的泪水。

我紧紧地搂住了小豆。

过了一会儿，我们的情绪都好了起来，我对她说："对不起，妈妈刚才发火了。"

小豆说："妈妈你生气的样子真吓人，像……"

"像什么？"我特想知道孩子眼中生气的自己是什么样的。

"嗯……像大怪兽。"

小豆想了想说："妈妈以后能不能不生气了？"

我点点头说："好，我答应你，以后妈妈再也不生气了，我们拉钩儿！"

我和小豆拉了钩儿。

这么多年过去了，这件事一直历历在目。

或许，就是因为那天碎掉的水杯，让我直到今天都没有再对小豆吼骂过一次。我很庆幸自己做到了这一点，因为现在我已坚信一个道理：当妈妈真正做到对孩子不生气、不吼不骂时，孩子能够更幸福、快乐地成长，这对他（她）的性格和情商塑造，能起到巨大作用。

若作为妈妈的你经常对孩子非打即骂，孩子会惧怕你，他（她）或许会顺从你，但他（她）的意识里已经无法再把你当朋友，而只是家长。你已经失去了正面引导他（她）的位置，你所说的每一句话，对他（她）而言都只是命令。或许他（她）的心里十分抵触和叛逆，但是他（她）惧怕你，他（她）不会说出来。

你希望你和孩子的关系是这样吗？

做个不生气、不随便发火的妈妈，我体会到了一些积极的影响，我希望你也能体会到：
- ◇ 孩子会更懂事，而不是只懂听话
- ◇ 你会更快乐，而不是更快地衰老
- ◇ 你的先生会更爱你，更能做好他的事业
- ◇ 家庭的氛围更融洽，每个成员都更爱这个家
- ◇ 孩子会把成长中的问题与你沟通，而不是憋在心里
- ◇ 你会得到一个更自信、更优秀的孩子
- ◇ 孩子会摆脱依赖，你也会摆脱对孩子的依赖
- ◇ 你会遇到更好的自己

不生气不代表不去管孩子，也不代表纵容孩子的每一个错误行为。不生气，是一种健康的教养态度，我相信，这是很多家庭都需要的，也是每个孩子都需要的。

孩子不是"奥特曼"，他们不希望看到"大怪兽"。他们需要的是朋友般的尊重和理解，当你做到这一点时，你会发现这是最管用也是最省心的教养。

我也知道，做一个不生气的好妈妈确实不容易，因为孩子在成长中会给你制造各种各样的麻烦，但是谁又不是这么过来的呢？

妈妈们与其火冒三丈地去吼叫打骂，靠"分贝"或"武力"制服孩子，不如想想办法怎么来帮助孩子改变，纠正他们错误的想法，引导他们走向优秀。

好的教育和孩子的优秀，不是你生气生出来的，身体上的疾病很多却是生气得来的，所以，不要生气，也不要溺爱，做孩子的朋友，理解他（她），陪伴他（她）。最后你会发现，你和孩子都会很成功、很快乐！

目 录

| 第一章 | 谁的童年不犯错?　　001

1　让孩子害怕你，你就失败了　　002
2　不要对孩子随便发脾气　　005
3　你不应该成为孩子的"指挥官"　　008
4　带给孩子更多的正能量　　011
5　谁的童年不犯错?　　014
6　妈妈脾气差，孩子就爱生病　　017
7　性格好的孩子，家庭环境也不会差　020

| 第二章 | 你真的读懂孩子了吗?　　023

1　孩子的每个行为都有原因　　024
2　读懂自己的孩子　　027
3　接纳孩子的不完美　　030
4　你不认可的事，孩子可能会觉得有趣　033
5　孩子接触什么，就会模仿什么　　036

	6	你期望的事，未必孩子都能做到	039
	7	孩子年龄越大，想法越多	042
	8	叛逆期的躁动在所难免	045
	9	孩子的天职是成长，不是考试	048
	10	再忙，也要分一些精力给孩子	052

| 第三章 |　为何孩子闷在心里不想说？　055

	1	永远不要低估语言对孩子的影响	056
	2	越沟通，孩子越会把你当朋友	059
	3	鼓励孩子说出想法	062
	4	亲密的动作能增进感情	065
	5	接受孩子的感受，做个好听众	068
	6	努力让自己成为有趣的妈妈	071
	7	帮助孩子养成良好的沟通习惯	075

| 第四章 |　不生气，不等于纵容孩子　077

	1	打骂只会让问题更严重	078
	2	不发脾气不代表不管孩子	081
	3	严肃地告诉孩子问题出在哪里	083
	4	表达你对他（她）的期望和立场	086

5　给孩子选择弥补错误的机会　　088

6　尽可能地提供选择给他（她）　　091

7　鼓励孩子采取行动　　094

8　为避免下次犯错，立下约定　　097

| 第五章 | 孩子学不学，其实全看你　101

1　你是乐于阅读和学习的妈妈吗？　　102

2　把学习变成一件快乐的事　　105

3　孩子也需要"心灵鸡汤"　　108

4　很多学习都是从生活开始的　　111

5　帮助孩子养成学习的习惯　　113

6　奖励给得太多，味道就变了　　116

7　让孩子自己寻找答案　　119

8　师生关系不融洽，也会影响学习　　122

| 第六章 | 永远不要贬低你的孩子　127

1　自尊和自信，是孩子一生的保障　　128

2　多关注孩子的"闪光点"　　132

3　永远不要贬低你的孩子　　134

4　你的每一次赞美都很重要　　137

5　肯定孩子的每次努力，即使他（她）并没有成功　140

6　当孩子情绪低落时，给他（她）温暖　143

7　不要动不动就夸别人的孩子　　　146

8　借助别人的话来夸奖自己的孩子　148

9　把乐观的心态传递给孩子　　　　150

| 第七章 |　遇见孩子，遇见更好的自己　153

1　遇见孩子，遇见更好的自己　　　154

2　把好的价值观传递给孩子　　　　156

3　或许你有点舍不得孩子告别依赖　158

4　孩子有怎样的童年，就会有怎样的人生　162

5　不溺爱、不盲爱、不狭隘　　　　165

6　让孩子成为幸福家庭的共建者　　167

第一章 谁的童年不犯错？

1 让孩子害怕你,你就失败了

有句古话叫"棍棒底下出孝子",意思是家长为了威严而要让孩子害怕自己。可是一旦孩子害怕了你,你也就失败了!

小豆刚上小学二年级的时候,一次我去参加她的家长会,认识了小豆同桌潇潇的妈妈。在参加家长会之前,小豆就曾悄悄地告诉我说:"妈妈,潇潇妈妈很可怕,潇潇经常跟我说自己特别害怕妈妈。只要潇潇课堂测验成绩不理想,她妈妈就会臭骂她一顿,有的时候还会打她。"

我见过潇潇这个小姑娘,很乖很可爱,但眼神里总流露出一丝胆怯,说话也小心翼翼,生怕说错话一般。这次家长会,我第一次见到潇潇妈妈,因为之前小豆跟我说过的话,我也特别留意了这位妈妈。

潇潇妈妈给我的第一感觉就是"职场女强人"。果然,在交流的过程中,我发现她真的是一家500强外企的创意总监,平时手下管着几十个人。两个家长在一起,话题总也离不开孩子。聊到教育孩子的问题,我告诉潇潇妈妈:"我平时跟小豆与其说是母女关系,倒不如说是朋友关系。"这一点潇潇妈妈很不能认同。她也毫不吝啬地跟我分享她的教育"经验":对孩子一定要树立威信,要让孩子害怕自己,孩子才能听话。

"潇潇小的时候特别贪玩,小学的第一次期中考试前,我原本以为她在房间里好好复习功课,结果我一推门进去却发现她在画画。我当时火气就上来了,把她骂了一顿。你别说,这一骂,潇潇还真的害怕了,从那以后,潇潇就再也没有在复习的时候偷懒了。"

潇潇妈妈给潇潇制订了一系列的规矩:晚上十点之前必须睡觉,一放学就立刻回家写作业,每次考试都要优秀……有一点儿做不到,等待潇潇的就是严厉的斥责。潇潇心里"苦",但因为害怕妈妈,所以一直不敢说。

很多家长把握不好严格教育的尺度，让孩子到了害怕甚至恐惧的地步。我记得特别清楚，小豆在给我讲完潇潇的故事之后，用她那稚嫩的声音对我说："妈妈，还好你跟潇潇妈妈不一样。"

鲁迅先生在《我们怎样做父亲》一文中认为，教育孩子，首先要理解。"倘不先行理解，一味蛮做，便大碍于孩子的发达"。其次要指导，绝不能用前人的"同一模型，无理嵌定，长者须是指导者、协商者，却不该是命令者"。再次是解放，培养他们自主的能力，使他们"成一个独立的人"。鲁迅先生的这一套做父亲的理论，同样适用于妈妈这个角色。

我平时对小豆的教育也是根据"理解、指导、解放"这三个词，给她创造一个宽松、温馨的家庭环境。

当然，有的妈妈在教育孩子的时候也不想让孩子害怕自己，可是随着孩子年龄的增长，孩子慢慢也不愿亲近自己了。有的妈妈甚至会问自己："我真的那么可怕吗？"

朋友孙茜最近就在面临这个困扰。孙茜跟我哭诉说："感觉孩子最近离我越来越远了，有的时候他宁愿找他爸爸来当传话筒，也不敢直接跟我提要求。"听了孙茜的哭诉，我反问她道："平时，孩子跟你提要求的时候，你是不是很不耐烦？有的时候还会对他发脾气？你是不是会要求孩子百分之百听你的话？孩子一不听话，你就觉得他不尊重你，给他脸色看了？你是不是什么都替他做决定，完全忽略了他所能承受的范围？你是不是觉得你所做的一切都是为了他好，他无条件服从都是理所当然的？"在我一连串的反问下，孙茜默默点了点头。

那么，一个合格的妈妈应该怎样让孩子不害怕自己呢？

我认为最先要做的就是理解孩子。每天多花一些时间跟孩子像朋友一样聊聊天，而不是把跟孩子所有的沟通都用斥责和要求来代替。人的感情最好的表达方式就是语言，通过与孩子沟通，妈妈们能更快地了解孩子在想什么，体贴他们的心，让他们更有安全感。

然后就是要学会科学地指导他们。做一个合格的妈妈不等于将孩子"散养",完全听之任之,而是应该在一旁指导。孩子自己的事情,要和孩子一起协商着做决定。比如孩子要参加什么样的课外辅导,可以让孩子自己去体验,选择自己喜欢的课程。等孩子年龄稍微大一些的时候,可以考虑让他们参与家庭决策,让孩子有归属感和对家庭的责任感。

当然,解放孩子也是十分重要的。要给孩子一定的玩耍时间和空间,让他们和自己的同学、朋友去交流、去接触。而不是放学后就把孩子接回家写功课,周末也不让孩子和朋友约着玩耍。

我很喜欢电影《后会无期》里面的一句话:"喜欢就是放肆,但爱就是克制"。这也同样适用于对孩子的教育。爱你的孩子,不能仅仅把你认为最好的给他(她),不考虑他(她)的感受。爱你的孩子,就是要努力了解他(她)、理解他(她),知道孩子内心真正想要的,克制自己的自以为是,而让孩子真正感受到你的爱。

2 不要对孩子随便发脾气

你发的每次脾气，对孩子都会造成伤害，伤害久了，孩子也就变得无所谓了！

有一次，我带着小豆去超市买东西。在超市的一角，我们看到一位母亲正在冲一个小女孩发脾气，那个小女孩和小豆差不多大的样子，站在那里低着头不说话。我和小豆远远地听到那个妈妈说："看见什么要什么，你怎么那么贪心啊！不给买就不走，下回再也不带你出来了……"

被妈妈这么说，那个小女孩一下哭了出来，超市里的很多人都看了过来。我本以为这位母亲能够收敛一下，没想到这位母亲气急败坏地对孩子吼道："哭！哭！哭！就知道哭！"结果，孩子哭得更厉害了。很明显，孩子对妈妈的话产生了强烈的恐惧。小豆目睹了这一切，她躲在我的身后，好像看到了怪兽一样。

出于工作的习惯和母亲的本能，我想走过去帮助那对母女化解这场不愉快。正在我想往前走的时候，那个小女孩的父亲过来了，示意自己的爱人别再对孩子凶了，并抱起了孩子，很温柔地安慰她。孩子的情绪好转了一些，不再那么大声地哭了，变成了小声地抽泣。不过总算这场风波过去了。

小豆和我说了句话："妈妈，那个妈妈怎么那么凶啊？真可怕。"孩子说完，紧紧地拉住我的手。

是啊，发起脾气的妈妈真是可怕。其实并不是这位妈妈不爱自己的孩子，也不是不知道发脾气对孩子不好，我相信，她是情绪失控了。幸亏孩子的身边还有一位好脾气的父亲，否则孩子的内心会受到更大伤害。

我可以理解各位母亲的苦衷：当你劳累了一天回到家，孩子还无理取闹时，你心中的"火"会突然增加；当你催了十几遍，孩子还不动窝儿的时候，你一定也会气愤无比；当你对孩子的期末考试满怀信心时，一份糟糕的考试成绩，难免让你大动肝火……

孩子错误的行为、糟糕的表现、不好的习惯等，都可能让一位母亲发起脾气来。对孩子发脾气，确实会让孩子感到害怕，在恐惧中，孩子那些不良行为暂时停止了，但会对孩子造成怎样的影响，很多妈妈却不知道。

（1）给孩子造成心理创伤

你对孩子发脾气，说些难听的话，就在他（她）的心里留下了伤口。如果一把尖刀插在一个人的身体里，即使再拔出来，伤口也难以愈合。要知道，心灵上的伤口和身体上的伤口一样难以愈合，无论怎么道歉，伤口总是在那儿。

（2）孩子会失去主见

孩子犯了错，你生气上火，情绪失控，对孩子一通儿吼，孩子没有办法，只能乖乖听你的话。这种模式一旦形成，长此以往，孩子容易在潜意识里形成一种习惯。什么习惯呢？就是做任何事都要以妈妈的反应为参考依据，做什么都要先看妈妈的脸色，孩子可能变得听话了，但也失去主见，很难走向独立了。

（3）孩子会失去安全感

我见过很多的家庭都是这样，妈妈很强势，是一家之主，不光孩子，连自己的老公都害怕她。这种家庭充满着火药味，几乎每天都能见到妈妈发脾气。在这种环境下长大的孩子，缺乏安全感，容易走向极端，一方面是极度的自卑，另一方面是极度的叛逆。

（4）孩子会模仿大人

我以前在幼儿园做教育研究的时候，见过这样一个小男孩。这个小男孩其实并不属于那种爱攻击别人的性格，但是一和别的小朋友一起玩，有些不愉快的时候，就歇斯底里地冲小朋友吼叫，甚至语言中夹杂着不少脏话，没有一个小朋友不害怕他，也没有人愿意和他玩。后来这个男孩班上的另一位小朋友的妈妈悄悄告诉我，她经常看到这个男孩的妈妈在路上骂孩子，而且语言也是"火爆和粗俗"的，显而易见，孩子模仿了大人，成了受害者。

作为一个孩子的母亲，我也能理解家长有时候的感受，生活的压力，孩子竞争的压力，工作中的不开心，杂七杂八的人际关系，都会让我们女人陷入负面的情绪当中。当孩子表现得违背了你的意愿时，当他（她）令你失望时，你的情绪可能瞬间就会失控，很大程度上，此时孩子成了你发泄情绪的"通道"。从这个角度上讲，孩子又是多么无辜啊。

现在你会问，有什么方法能让自己避免对孩子发脾气吗？

我觉得方法还是有的，比如你可以在发脾气之前先让自己"冷却"下来。你可以深呼吸几次，让自己在心里默默地数数，从 1 数到 100，你的火气通过数数可以渐渐地消减一些。当火气下来一些的时候，你可以试着冷静地思考，如果发脾气会对孩子造成怎样的伤害，想想孩子的感受，或许你就可以控制住自己的情绪了。

另外你还可以暂时与孩子隔离，自己跑到阳台上冷静一下，直到你没那么生气了，再回到孩子身边与他（她）沟通，帮助他（她）认识错误和解决问题。

总之，我还是希望每个妈妈都能亲密和优雅地与孩子相处，因为发脾气不仅会毁了孩子，也会毁了你。

3 你不应该成为孩子的"指挥官"

"望子成龙,望女成凤",家长们的迫切心情我能理解,但是孩子应该学会规划自己的生活,妈妈们不应该成为孩子的"指挥官"!

做父母的没有不希望自己的孩子能够成龙成凤的,我也希望小豆长大后能够成为一个优秀的人,但是我不会按照我的意愿来规划小豆的未来,做小豆的"指挥官"。

邻居家孩子依依比我们家小豆大两岁,却忙得像陀螺一样!一到周末,钢琴、绘画、舞蹈、书法、游泳等特长课程就被安排得满满的,写作、英语、奥数也不落下。依依真的就像陀螺一样,转在妈妈的小"皮鞭"下。没日没夜地转啊转啊,转得晕头转向的,没有了自己思考的时间,也没有了自我想象的空间。

那个时候小豆还没有上小学,有一次,依依一家到我们家做客。在饭桌上,我问依依:"依依,你长大后想做什么啊?"

"警……"依依想也没想地脱口而出,却在妈妈严厉的目光中将最后一个字生生地吞了进去。

"我长大后要考上清华,将来要读博士。"依依低下头,小声地咕哝道。

这时,只见依依妈妈满意地点了点头。

吃完饭,小豆热情地拉着小姐姐,想要邀请她一起完成我之前给她买的拼图。依依刚要起身和小豆一起去玩,只听依依妈妈严厉地说:"依依,你还有算数题没有做完,下午还要练钢琴,你该回去啦!"妈妈说完后,依依一脸委屈地点了点头,泪水在眼眶里打转,默默地回到自己家中。

现在,竞争越来越激烈,父母望子成龙的美好愿望无可厚非。但是,想要孩子有一个好的前途,妈妈们应该承担孩子背后"军师"的角色,而不是他们身前的"指挥官"，甚至是垂帘听政的"慈禧太后"。

我并不反对让孩子发展特长，小豆也会有一些特长课程，但是这些课程的选择"大部分"是由她自己决定的。为什么说"大部分"呢？因为我会先根据她的情况帮她列出一个特长课程备选列表，然后让她来选择她最喜欢的一个或两个，这样可以避免孩子年龄太小，迷失在众多可选择的课程当中。当然如果她自己有非常想学的课程，又没有在我的列表中，我也十分欢迎她提出来，我们一起讨论。

妈妈在孩子的生活中担任"指挥官"的角色，完全不顾孩子自己的需求和感受，一味地将自己想要的未来强加在孩子的身上，命令孩子绝对地服从自己，按照自己的路线来发展，不仅达不到教育的目的，还会产生非常严重的后果。

（1）挫伤孩子的自信心

有一次，我带着小豆去少年宫，在乒乓球馆，一个小男孩手里拿着乒乓球拍和乒乓球，紧皱眉头、一脸紧张地做着预备动作。远处传来了他妈妈严厉的命令："把球拍拿平，球放上去，不准掉。"偏偏男孩手里的乒乓球就像是在跟这位妈妈作对一样，一次又一次地掉到地上。每次掉在地上之后，都会传来那位妈妈的数落声，小男孩的手腕止不住地颤抖。

这位妈妈因为孩子一直打不好而心急，殊不知，她越是这样命令着孩子，越是会挫伤孩子的自信心，孩子的球自然也就一次一次地掉落了。

（2）使孩子形成依赖心理

去年，我们一家人去爬香山，小豆特别兴奋，就跟着她爸爸一路跑上去了。当时，我们旁边有个小男孩儿，跟小豆差不多的年纪，看我们在跑，也甩开了爸爸妈妈的束缚一个人跑上去了，任凭他的妈妈在后面大喊，他完全沉浸在自己的喜悦当中。等到家人追上他的时候，等他的并不是妈妈鼓励的目光，而是一顿训斥。小男孩儿一脸委屈地窝在了爸爸的怀里，哭着跟妈妈说自己再也不敢了。

妈妈对孩子生活指挥过多，也是另一种"溺爱"。对孩子的照顾无微不至、事无巨细，什么事情都为孩子处理，只要他们按照自己为他们规划的路线发展就可以了。久而久之，孩子就会失去生活自理能力和敢于冒险的精神，形成很强的依赖心理。一旦孩子踏入社会，等待他们的必然是对生活的恐慌和措手不及。

（3）使孩子失去创造能力

德国教育家斯普朗格曾经说过："教育的核心是人格心灵的唤醒。"妈妈对孩子的教育不只是为了让他们学到知识，还要从内心深处唤醒他们的创造力。知识是无穷尽的，但创造力却能激发孩子更多的潜能。而妈妈过度指挥孩子的生活，甚至因为孩子的些许不遵从就大发雷霆，势必会让孩子形成依赖、自卑、屈从的心理。试想一下，一个只会点头和服从的孩子，如何才能拥有创造力呢？高明的妈妈们在教育孩子的时候，都会尽量避免之。

生活中，妈妈们因为对孩子的爱，一不小心就会扮演高高在上的"指挥官"角色，这样的教育方式对孩子的成长、成才是很不利的。我还是那句话，孩子的成长过程中，妈妈最好的角色就是当孩子背后的"军师""良师益友"，而不是孩子身前的"指挥官"，甚至是垂帘听政的"慈禧太后"。妈妈们一定要把握好尺度。

4 带给孩子更多的正能量

每一位妈妈都希望自己的孩子阳光开朗、积极向上，每天都充满朝气与活力。妈妈作为孩子的第一任老师，妈妈的"积极向上"才能给孩子带来"积极向上"，妈妈的正能量才能激活孩子的正能量。

经常有朋友问我，孩子上学表现不好，怎么办？我都会告诉他们，作为妈妈应该先反省一下自己。没有"问题孩子"，只有"孩子的问题"，而孩子的各种问题归根结底都是源于家庭教育，而孩子问题的解决也需要依靠家庭教育。

有一段时间，我工作上的事情特别多，每天都是拖着疲惫的身体回家。有一次，工作上的事情不太顺利，我回家后，先是把衣服一摔，然后跟老公抱怨说："事情一堆，哪一天我一狠心就辞了。"当时小豆就在屋子门口，两只大眼睛眨也不眨地盯着我。老公赶紧把我拉到屋里安慰我说："工作太累，就歇一阵子吧，没必要把自己弄得那么累。"后来，我工作上的事情慢慢理顺了，我的情绪也慢慢平复，能够愉快地面对工作了。

可是，有一天，小豆放学回来，居然气呼呼地把书包一摔，说："这老师又留了这么多作业，当学生好累，爸爸妈妈，我不想上学了！"听完小豆的话，老公当时就怔住了！小豆一直是一个很乖的孩子，怎么会突然说这么"大逆不道"的话？而我的怒气也立马上来了，正要发作之时，老公拉住了我。他把小豆拉到一边，耐心地告诉她："孩子，老师留作业是为了给你打下良好的基础。"而另一边，老公跟我说："你还记得，前一阵子你回家抱怨工作累，不想上班了吗？一定是让小豆听去了。妈妈的坏情绪，孩子看在眼里，记在心上，孩子也就有样学样地抱怨起作业压力来了。"我一边听，一边若有所思地点着头说："对，我以后一定不能再把工作上的负能量带到家里来了。"

妈妈作为孩子的第一任老师，对待周围人和事物的态度直接影响着孩子的行为方式，也就是说我们给孩子传递的是什么样的能量，孩子接收到的就是什么样的能量。但是我们往往忽视了这一点。

生活的天空下，有阳光也有阴霾。如果我们每天都在抱怨生活的压力、社会的不公，我们的眼睛看到的多是不如意的事情，就好比阴霾天气一样，孩子怎么可能接收到阳光呢？面对孩子，我们应该多给他们播撒一些阳光，把生活里的阴云悄悄藏起来，把健康乐观的情绪传递给孩子，多给他们传递一些正能量，这样他们才能像阳光下的小树一样，健康茁壮地成长。

那么，妈妈们应该如何给孩子传递满满的正能量呢？

（1）不要在孩子面前展现压力

美国家庭与工作关系研究所负责人埃伦·加林斯基曾对1000个家庭进行了调查，当询问孩子"最想帮父母实现的愿望是什么"时，得到的回答是"希望他们不要那么累"。孩子的眼睛就像一架照相机，每天都在自己的眼中留下父母的形象。但是，拿出孩子用心灵拍摄的"照片"看一看，却有很多是父母忧愁的面容和烦躁的表情。每个人都有自己的情绪，妈妈们不是圣人，很难同时对工作和生活给予足够关注，但你要相信自己的孩子有足够的智慧，只要你不把工作的情绪带回家，他们就能根据你的忙闲自行调整生活。

（2）换一种关心孩子的方式

一次去接小豆放学，在校门口，看见一位妈妈拍着自己儿子的头说道："嘿，儿子，怎么样今天有没有人欺负你？"这位妈妈的心情很简单，她担心孩子在学校与同学发生冲突。但是，她的这种关心的方式传递的却是"有没有人欺负你"这种负能量。如果这位妈妈能换一种带有感恩和欣赏的方式表达，比如说"儿子，今天交了几个新朋友？""今天有同学帮助你了吗？有没有感谢人家呀？"孩子也同样会用这种方式来与同学交往的。

相似的还有，每天叫孩子起床"快点起床，要迟到啦！"可以换成"宝贝，又是明媚的一天，你听到小鸟欢快的叫声了吗？它们都在叫你起床哦！"孩子上学前的叮嘱也可以由"在学校要认真听老师讲课，按时完成作业！"变成"宝贝，要开心愉快地度过这一天，放学后，妈妈等你分享这一天在学校发生的有趣的事情哦！"

（3）以身作则，给孩子树立榜样作用

托尔斯泰曾经说过："全部教育，或者说千分之九百九十九的教育都归结到榜样上，归结到父母自己的端正和完善上。"家长给孩子树立了一个什么样的榜样，孩子就会"潜移默化"地被这样的榜样影响。一位妈妈曾当笑料给我讲了她和她儿子的一段对话。她的儿子总喜欢玩游戏机不好好学习，有一次这位妈妈就对儿子说："儿子，你不能总玩游戏机，我告诉过你要把精力放在学习上。"结果她儿子直接反驳她说："我姥爷还总是告诉你不要总在外面打麻将呢，你还是整宿地玩儿。"这位妈妈一下子就语塞了！

你看，妈妈的行为无时无刻不影响着孩子。妈妈们要在每一件小事上都以身作则，为孩子传递正能量，给孩子健康、积极的影响。

家庭是复印机，孩子是复印件，父母是原件，复印的东西不清楚，不能怪复印件，只能怪原件。孩子就是家长的复印版，请给孩子传递正能量吧！

5 谁的童年不犯错？

人非圣贤，孰能无过，更何况是年幼的孩子。俗语说："孩子犯的错，上帝都会原谅。"世界上没一个孩子是从小到大不犯错的。

"我上辈子这是造了什么孽，这辈子生了你这么个祖宗来讨债。"有一天，下班回来路过楼下，正好听到一楼的张女士在训斥她的儿子。原来，是她的儿子淙淙偷拿了家里的二十元钱，买了一个自己喜欢了很久的玩具汽车。这件事被张女士发现后，瞬间点燃了她的怒火。于是，一边是骂声，一边是淙淙的哭声。

虽然，偷东西是一种万万要不得的行为，需要及时教育改正，但是对孩子的教育不能靠打骂。那么妈妈应该如何正确对待孩子童年犯的错误呢？

（1）教育孩子勇敢地承认错误，认清孰是孰非

有的孩子犯错之后，会本能地把责任向外推，他们会说："都是××，导致我……"而不是"是我错了，我今后要注意，不再犯这样的错。"其实，孩子怕承担责任，怕受到处罚，怕被别人说是自己错了，远远比犯错还要可怕。

孩子就是在不断地犯错、知错和改错中成长的。一个孩子犯错没什么大不了，只要知错能改就是好孩子。怕只怕，犯了错还不会去思考什么是对、什么是错，只是一味地推卸责任。孩子犯错后内心一定是后悔和无助的，妈妈不妨站在孩子的立场上，帮他（她）分析一下犯错的原因，这样孩子就会避免下次继续犯错了。

在这一点上，通通的妈妈就做得很好。那会儿通通还上幼儿园，有一次她去接孩子，幼儿园的老师告诉她，通通在学校很不听话，演出排练的时候还把小朋友推倒在地上了。当时，通通妈妈并没有发作，也没

有追问事情的来龙去脉。

等回到家之后，通通想要吃水果，通通妈就把孩子拉到一边儿说："吃水果可以，但是吃之前你能告诉妈妈，在幼儿园都发生了什么事情吗？"通通这才一脸委屈地告诉妈妈说，自己原本演的是灰姑娘，可是老师最后让她演灰姑娘的姐姐。通通心里不开心不想去排练，就在一旁堆房子，一个小朋友过来把她的房子推倒了，她这才推搡了小朋友一下。

听了事情的来龙去脉，通通妈妈把孩子的眼泪擦干，然后问她："小伙伴来把你的房子推倒是他（她）的不对，但是你应该推搡小朋友吗？"通通默默地摇了摇头。通通妈又接着说："你在看表演的时候，会给什么样的演员鼓掌？"通通回答说："演得好的。""一个演得不好的灰姑娘和一个演得很棒的灰姑娘姐姐，你会喜欢哪个？"通通继续回答说："灰姑娘的姐姐。""所以，角色并不重要，关键是要演好。"通通点点头说："妈妈，我知道了，我明天就去跟老师和小朋友道歉，我也会好好扮演灰姑娘的姐姐。"

（2）不要动不动就"大动肝火"

为孩子一点儿小错误而大动肝火，是很多妈妈都容易犯的错误。之前有一位爸爸给我留言，讲的是他的老婆脾气很火爆，总是对儿子发火。这位爸爸还给我举了一个例子。他的儿子很调皮，经常不好好吃饭，不是把饭撒到桌子上，就是把碗扣到地上。孩子爸爸一开始还会提醒纠正他，后来失去耐性，直接对着孩子一通批评："连个饭碗都拿不好！""还能不能好好吃饭了！"孩子要么一脸委屈，要么哇哇大哭地把这顿饭吃完。而且自己怎么劝，老婆都不听，依旧每天训斥孩子。

其实，对孩子的教育和风细雨永远要比狂风暴雨效果好得多。小豆平时也会犯错，但是对于她的每一次犯错，我都会给她讲道理，而且给她机会改正。如果她再犯同样的错误，才会对她有一些小惩罚。对待小豆的教育，永远都是讲道理多过打骂。当然，对于她的每一点进步我也从来不会吝惜自己的表扬。

小豆那会儿还没有上幼儿园，有一次带她在楼下的小花园里玩耍。小孩子都比较调皮，她一直往花园的小花坛里扔小石头。我告诉她："小豆，你看看，你都把花坛里的小花、小草们砸痛了，花坛也被砸得不漂亮了，还不快去把这些小石头捡起来！"这时小豆就有些要赖，不想去捡。我并没有强迫她，而是告诉她："你把小石头扔到了花坛里，你如果不去捡，我就要去捡了，就没有办法陪你一起玩了。"小豆感受到她往花坛里扔小石头的后果，就会明白不能再把石头扔到花坛里了。

（3）不要让孩子认为自己笨

"我为什么总会犯错误？""这道题为什么总做不对？""我是不是真的很笨？""我是不是不会有出息了？"……孩子在犯错之后一味进行自我批判是非常普遍的行为，但这种行为并不健康，妈妈们一方面不能给孩子这种暗示，另一方面也要教会孩子把犯错视为机遇，学会正确看待自己的错误。

谈到家庭教育，有很多人自然会联想到"溺爱教育"和"棍棒教育"。溺爱教育很容易培养出败家和不孝子女，而棍棒底下出的也不一定是孝子或才子。没有孩子是不犯错的，正视孩子的错误，并教育孩子改正错误，才是家教的关键。

6 妈妈脾气差，孩子就爱生病

很多妈妈抱怨孩子脾气差，其实这可能是从你身上"遗传"的！

在一次饭局上认识了陈太太，他们家嘉嘉跟小豆一般年纪。聊起孩子教育问题，陈太太告诉我说："我和老陈脾气都不好，近来发现我们家嘉嘉脾气也不好。有一次他要求我带他去吃冰激凌，我没有理会，他竟拿着他的玩具小锤子狠狠地敲打我的头。我揍了他几下，他就在那里生气，也不哭。以前的时候，我和他爸爸就经常因为他顽皮不听话打他，没想到他现在只要不顺他的意就开始打人了！"

我们的身体是有免疫力的，情绪也是有免疫力的。

人身体的免疫力会随着环境是否恶劣、营养是否均衡、是否经过充足的体育锻炼等而变化。情绪免疫力也一样，孩子生长的家庭环境、父母的脾气都会影响着孩子的情绪免疫力。父母，尤其是母亲脾气差，孩子的情绪免疫力就会变差，孩子就容易生"情绪病"。而孩子的这个"情绪病"既会表现在生理上，又会表现在心理上。

帆帆的妈妈就是脾气火爆的家长中的"典范"。虽然跟帆帆妈妈并不相识，但从朋友那里也听说了她的一二"事迹"。一次我们几个朋友带着各自的孩子去参加亲子活动，在活动现场我看到了帆帆妈妈。当时几个小朋友在一起玩耍，帆帆把小豆心爱的水晶球摔破了，小豆当时就哭了。帆帆妈妈原本就因为在之前的亲子活动中与帆帆的配合不够默契，怒气的小火苗早已被点燃，一看这情形，怒火更是以迅雷之速燃成熊熊大火，瞬间爆发了！

在我们几个家长的劝解下，帆帆妈妈这才冷静下来。但是，后来我们就听说，自那以后，帆帆就添了个毛病，只要他妈妈稍稍一发脾气，他就开始呕吐，一吐就是翻江倒海的。帆帆妈妈带着他去了医院，医生也没发现身体有什么病症，最后只能带着他去心理医生那儿寻求帮助。

自从孩子得了这个病，帆帆妈妈就开始后怕了，再也不轻易发火了。

孩子顽皮好动，其实是在不停地探索着这个世界。妈妈们不应该担心孩子这种顽皮好动的行为，相反，如果一个孩子不再顽皮，那么妈妈们才应该担心。孩子的情绪很容易受到父母情绪的影响，尤其是母亲情绪的影响。如果父母脾气暴躁，那么孩子很容易形成两种极端，一种就是以更差的脾气回报父母，宣泄出自己的不满；另一种就是表面看起来风平浪静，其实内心早已积压了很多愤怒和恐惧，这就像一座大坝一样，一旦决堤了，后果不堪设想。

一些孩童常见的如：多动症、注意力不集中、抽动症中的情绪问题、儿童各种情绪障碍、说谎等症状，应该说也是他们情绪免疫力不够的表达。他们用谎言来缓解内心的痛苦，因为烦躁或者自卑而厌学，男孩子因为情绪调控力差而容易形成网瘾，严重抑郁的孩子会出现自杀倾向，这样的孩子在成年之后也会出现这样或那样的心理疾病。

如果妈妈们已经发现自己有某一种性格缺陷，而且这种缺陷已经影响了孩子，那最好还是先努力改掉自己的"坏脾气"，不要在还没有解决自己的不良情绪时就去用不良方式解决孩子的不良情绪问题，这样显然是不公平的，也不会有好的效果。

当然，脾气的转变也不是一朝一夕的事情，我给各位妈妈推荐一个暂缓原则，就是如果发现孩子"闯祸"了，不要马上发作，先缓一缓再处理。就有一点儿像电视剧《爱情公寓》里，关谷和悠悠在每次吵架之后的"存档"处理。而在"缓"的过程中，我们会慢慢了解孩子"不可理喻"的行为背后深层次的原因，避免不分青红皂白地责备孩子。尤其是在公众场合，孩子的自尊心都是很强的，在公众场合批评甚至是打骂孩子，并不会彰显出你为人母的威严，相反会让孩子觉得很没面子，伤了孩子的自尊心，在孩子的心里埋下记恨的种子。

我国最早的教育学论著《礼记·学记》就曾提到过"当其可之谓时"，就是说教育孩子要抓住良好的时机，而并非越"及时"越好，有的时候冲动下的"及时"反而可能适得其反，事与愿违。所以，各位妈妈面对孩子的错误，请先适当地"冷一冷"，找一个适当的时机、适当的地点再教育孩子，会达到事半功倍的效果。

7 性格好的孩子，家庭环境也不会差

环境能够造就一个孩子。如果一个孩子性格坚强、乐观，那么他（她）的家庭环境一定也是积极向上的。

美国心理学家埃里克森把人格的发展分为8个阶段：婴儿前期、婴儿后期、学龄初期、学龄期、青春期、成年早期、成年期（25~55岁），以及老年期。

对于0~3岁还处于婴儿时期的孩子，虽然学会了走、跑、跳，学会了与人交谈，但是由于身心发展最不成熟，因而对成人依赖性很大。如果父母的教育是慈爱的，让孩子如沐春风，那么孩子就会对大人形成信任。婴儿时期的孩子虽然小，但是也慢慢能够"随心所欲"地决定做还是不做某些事情。如果父母只是一味地打骂孩子，那么孩子长大之后也会不信任自己和他人。

从埃里克森的人格发展理论中可以看出，父母以及以父母为核心的家庭环境，对孩子性格的形成起着重要的作用。心理学家埃里希·弗罗姆曾说过："家庭是社会的精神媒介，通过使自己适应家庭，儿童获得了后来在社会生活中使他适应其所必须履行的职责的性格。"

前一段时间很火的一档综艺节目《爸爸去哪儿》不知道家长朋友们有没有观看。几个善良、天真的孩子在镜头下表现出的好性格和好教养，让很多家长羡慕不已。而这其中的好性格很大程度上都归功于他们的家长还有教育他们的家庭环境。

在第一季节目里，几组家庭通过抽签的方式来决定他们的住所，林志颖父子抽到的是条件最差的一间房子，没有窗户，房子里还有大蜘蛛。这样的房子留给大人住，可能都会觉得浑身不舒服，更别说是一个从小家庭环境优越的孩子。小Kimi自然是不肯住在这里，当Kimi表达出了不想住在这里的意思之后，林志颖并没有发火，而是用轻松愉快的口吻

说:"我觉得这个房子还不错啊,对不对?大家的房子都是一样的,真的还不错的。"而看到蜘蛛之后,林志颖也没有把蜘蛛说得很恐怖,只是说这是节目组给他们准备的玩具,不过不可以用手碰,一下子就打消了孩子的恐惧心理,而且还保障了Kimi的安全。

爸爸的乐观影响到了Kimi,在这个节目里Kimi虽然也有哭闹,但是大多是因为年纪太小离不开爸爸,很少有抱怨过条件艰苦,经常很积极乐观地说"我一定会赢的!""面条好爽口啊!""饺子好香啊,闻起来好美味!"等。孩子内心强大,适应能力强,离不开家长的积极乐观。

同样,在第二季当中,黄磊的乐于助人,也给女儿多多树立了很好的榜样。作为大姐姐,多多努力帮助其他弟弟妹妹,既不叫苦也不叫累,用她的坚强给弟弟妹妹们树立了一个很好的榜样。

环境能够造就一个孩子,而家庭则是"制造人性格的工厂"。如果一个家庭中,布置总是条理清晰,物品归放有序,那么这个孩子以后的生活一定是有序的、清晰的。如果一个家庭总是处于繁乱之中,这个孩子又怎么会做事清楚呢?

让孩子在一个和谐、充满爱的家庭环境中成长,孩子的心情自然就会感到愉悦,没有太大的压力和不快乐的体验,这样很容易养成他们活泼开朗、热情直率、稳重端庄的性格。而一个充满争吵的家庭环境往往对孩子的性格有较大的负面影响。

跟小豆同一年级有个孩子垚垚,这个孩子让老师十分头痛。他在班里经常骂人,老师跟他聊,他说自己这不是在骂人,只是口头禅而已。老师问他骂人跟谁学的,他说:"我跟我爸妈学的。"老师说:"你爸妈在家天天骂人吗?"他说:"我爸我妈天天在家吵架。"

后来,我了解到,这位垚垚同学的父母经常吵架,他的妈妈对垚垚还特别严厉,动不动就呵斥、打骂垚垚。垚垚生活在这样一个打骂的环境里面,就很容易形成现在这种不健康的性格。

不同的家庭环境塑造出的孩子的性格也是不一样的。

（1）溺爱型家庭

生活在一个溺爱型家庭中，孩子容易被养成任性、撒娇、不懂礼貌、以自我为中心、责任感和耐心缺乏的性格。如果家长对孩子过分照顾，不肯放手让孩子独立生活，这样的孩子长大后很容易依赖别人，缺乏主见，而且大多会比较胆小。

（2）冷漠型家庭

冷漠型家庭中，父母对孩子漠不关心，或是忙于自己的事业，或是经常在外打麻将等，在这样的家庭里成长的孩子很容易同样情感冷漠，有的孩子为了引起家长的注意还会"人来疯"，甚至是惹是生非。有的家长对孩子忽冷忽热，这也是万万要不得的。忽冷忽热的态度会让孩子多疑多虑，情绪不稳定。

（3）粗暴型家庭

有的家长认为对孩子发脾气，动辄动手打骂是一种教育手段。事实上这样的家庭环境容易教育出两种极端的孩子，一种是胆怯、软弱、自卑；另一种则是有暴力的倾向。有的孩子犯了错为了"保护自己"选择说谎，久而久之就容易养成爱说谎的性格。

当孩子还小的时候，你种下什么种子，就会结什么果实；而且，一旦种子播下，后面无论你费多少功夫去修建、嫁接，都很难改变。不要把眼睛只盯在成绩上，多花时间陪伴孩子，尊重孩子，给孩子一个良好的家庭氛围吧，那比什么都重要！

第二章 你真的读懂孩子了吗？

1 孩子的每个行为都有原因

孩子做每一件事都是有原因的，这就需要妈妈们去细心发现、耐心观察，不要随意地下定论。

我在德国哲学家伊曼努尔·康德的《纯粹理性批判》中曾经读到过这样一句话："一切变化都有一个原因"。这跟孩子的教育一样，孩子的每个行为也都是有原因的。

还记得我之前提到过的邻居张女士因为儿子淙淙偷拿了家里的二十元钱就对他一顿打骂吗？有一天我又在楼下偶遇了张女士，看她气呼呼地摔门而出，我礼貌性地跟她打了个招呼。她看到是我，就站住了，然后开始抱怨道："我真是造了孽了，这辈子有这么个小冤家来讨债。这不，孩子老师又让我去趟学校，说是淙淙在语文课上偷偷传小纸条，老师说他，他还把语文书和作业本都撕了。"

我见她一脸愤怒，赶紧劝住她说："我看淙淙不是这么不懂事的孩子，说不定背后有什么隐情，还是问清楚的好，不要上去就把他骂一顿。"她似乎已经被愤怒情绪填满，听了我的话，并没有回应什么就叹了一口气，走了。

等她回来的时候，我又恰好带着小豆出门散步，只见淙淙边抹眼泪边说："不是我，我没有错，你凭什么打我？"而另一边则是张女士的打骂声。我把淙淙拉到一旁问他："淙淙乖，别哭啦！告诉阿姨，发生什么事儿了？"

淙淙委屈地说道："阿姨，我再也不要去上学了。老师、同学还有妈妈都欺负我，明明是张雅君他们在传纸条，恰好扔到我桌子上，被老师发现了，老师就说是我在传纸条，把我骂了一顿，还把妈妈叫过来。老师骂我的时候，张雅君他们一个都没有站出来承认错误的。我不要去上学了，我不喜欢学校、不喜欢老师、不喜欢同学，也讨厌妈妈。"

听了淙淙的哭诉，张女士停下了打骂，愤怒的表情也平和了不少。原来孩子今天在学校遇到的是这样的事情，自己都没有问清楚，就被愤怒冲昏了头脑，不分青红皂白地将他揍了一顿，难怪孩子这么委屈！

孩子的每个行为都是有原因的，比如说：你突然发现，平时最讨厌洗手、洗澡的孩子开始讲卫生、勤洗手了，可能只是因为上课的时候老师表扬他是"卫生小标兵"；平时乖巧懂事的孩子突然有一些反常或过激的行为，可能只是因为在学校被误解或者想要引起家长、老师的关注。

从我多年的观察来看，孩子会出现异常的行为，基本上可以归结为三方面原因，都在这里分享给各位妈妈们。

（1）引起家长和身边人的注意

孩子都是希望得到关注的。家长们一般工作都比较忙，有的时候给孩子的关注不够。孩子独自静静地待在自己的房间里看书、写作业，家长就不会经常过去查看。相反，如果他们在自己的房间里大跳大闹，或者是在房间墙上乱涂乱画，家长们多半会马上停下手里的工作，到孩子的房间里或是训斥，或是教育，总之会想办法让孩子停下来。在我们看来，孩子是因为错误的行为被惩罚了，但在有些孩子看来，小小的惩罚却换来了父母的关注。

所以各位妈妈们在教育孩子的时候，要给孩子足够的关注，让孩子知道家长一直都在他们身边，给他们安全感，做他们最坚实的后盾。

（2）受到委屈，宣泄不满

开头提到的邻居家孩子淙淙就是典型的因为在学校里受了委屈，才表现出了用不良的行为来宣泄这种不满。这还让我想到了之前在网上看到的一个故事，讲的是发生在一个国外家庭里的事情。一位美国妈妈答应了孩子春假的时候要带他去多伦多度假，可是因为家里突然出了事情，这位妈妈就取消了行程。孩子因此心怀不满，就开始用捣乱、惹麻烦的方式来向父母发泄自己的愤怒。

面对这种情况，妈妈们一方面要跟孩子解释清楚为什么突然取消了行程，不要以外他们还是孩子，对家里的事情就没有知情权。另一方面，妈妈们要及时了解孩子委屈的原因。不妨坐下来跟孩子聊聊，让他们大胆地将事情的来龙去脉说一遍，一定要让孩子主动地倾诉，如果他们提及了自己的感受，就鼓励他（她）说出为什么会有这样的感受，之后就可以把握时机，心平气和地从其他人的角度设几个问题问孩子，引导孩子从他人的角度看问题。

孩子有委屈，想要宣泄情绪，只要言行不是太过分，就试着让孩子适当地哭闹一下。自己在旁边好好安慰他们，孩子在宣泄情绪后就能够渐渐平复下来。当然这也不是让你无条件地顺从自己的孩子，要有一定的底线和原则。

（3）身体不舒服或者是不自信

孩子正处在长身体的时候，每天需要充足的睡眠、健康的饮食、适量的运动，如果缺了这些，孩子就会有"小情绪"了。而且不自信的孩子也喜欢用一些不良的行为来获得信心，最常见的就是学校里经常打架斗殴。对于这样的孩子，妈妈要试着帮助他们树立自信，多用鼓励和表扬的话语让孩子重新找回自我。

孩子的每一个行为，尤其是不良行为的背后都是有原因的。当孩子出现问题时，妈妈们千万不能急于寻找孩子的错。

面对孩子的问题行为，如果妈妈们只是粗暴地辱骂孩子，严厉地惩罚孩子，而不是仔细地了解孩子行为背后的原因，很容易让孩子"变本加厉"。

我学过一阵中医，其实中医特别讲究的一点就是辨证，比如小小的感冒也会分是风寒感冒和风热感冒，而且不同阶段还有不同的对策。其实教育孩子也是如此，只有弄清孩子发生行为问题的原因，才能"对症下药"，只有这样，孩子的问题行为才有可能改正。

2 读懂自己的孩子

总有人问我:"到底什么是成功的教育?"我的回答是:"读懂自己的孩子,和他们一起成长!"

现在流行一句话叫"宝宝心里苦,宝宝不说。"可是,如果我们的"宝宝"真的把"苦"藏在心里,而妈妈们又没有及时读懂自己的孩子,那可就容易给妈妈和孩子的亲子关系埋下隐患了。

一位妈妈是这样说的:"当我站在孩子角度去理解他、能读懂他的心理的时候,儿子经常能感受到我对他的爱,他会对我说,'妈妈我爱你'。能够读懂孩子之后,我才发现以前不是孩子跟我过不去,是我自己跟自己过不去。"

在工作中,我认识了一位刚从国外留学回来的年轻人。这位年轻人可真是不简单,高考的时候是他们那个地方的状元,以优异的成绩考入了清华大学。在清华读完本科后,又申请到了国外一所常青藤大学的全额奖学金,去国外读了硕士。同事们纷纷感叹,能培养出这样一位优秀的孩子,他的家长一定不简单。后来我们有幸认识了这位年轻人的母亲,才发现他的父母都是勤勤恳恳的农民。

当我们问到,她是如何把孩子教育得这么好的时候,这位老母亲笑着对我们说:"哪有什么秘诀,教育孩子就跟我们种庄稼一样,什么时候浇水、什么时候施肥都是有讲究的。我们种庄稼每天都会去地里头走走,看看这株,摸摸那株,得知道这些庄稼有什么新的成长。对孩子也是,我们得知道孩子在想什么,最近遇到了什么问题。我们老两口儿没什么文化,但是听孩子倾诉倾诉也是好的。我们一开始也没有想到孩子会有这样的成就,就像从一开始我们也不是非要让庄稼每株都颗粒饱满。就想让它们在好的环境下,自由发挥,最饱满的稻谷做种子,秕谷可以喂养家禽,稻米可以烧饭,草灰用做肥料……都有用处的。"

听完之后，我们几个人都默默地投以崇拜的目光。的确，养孩子就像种庄稼一样，只有遵循庄稼生长的规律，适时浇水施肥，才能获得丰收。爱孩子的家长也一样，只有随时读懂孩子，洒在孩子身上的爱才能得到成功的回报。

我们常说，成年人不容易，要面对生活和工作的双重压力。但是压力不是成年人的专利，孩子也会因为家庭环境、学业、与同龄人相处等问题而感到压力。在压力下，他们或许会做出一些让我们感到很幼稚的举动，但是作为妈妈必须读懂孩子行为的潜台词。

那么妈妈们要如何读懂孩子的行为呢？我想送给各位妈妈一句话，那就是"接纳正在遇到的困难，冷静面对寻找对策"。妈妈们只要一步一步地慢慢"读"，总能读懂自己孩子。

（1）学会尊重自己的孩子

读懂孩子不是窥探孩子的秘密。一个妈妈看到自己的儿子每天放学回家都很晚，就怀疑儿子是不是早恋了。于是，她就偷偷地搜查儿子的书包和口袋，还偷看孩子的日记。结果，儿子的日记里根本没有什么"不可告人"的秘密。后来，妈妈的行为被儿子发现了，儿子大闹了一场。这位妈妈反倒理直气壮地说："我是你妈，你的书包是我买的，手机是我买的，日记本也是我买的。你都是我生的，吃我的喝我的就得听我的。我看看你的书包、日记又怎样？还不是因为关心你，换成别人我才懒得理。"儿子什么都没说，只是眼里含着泪走开了。从那以后，儿子像是对妈妈心存芥蒂一样，总是对妈妈的话爱搭不理。

孩子随着年龄的增长，总是会有自己的"秘密花园"。妈妈们要注意不能为了读懂孩子而无所顾忌地闯入孩子的隐私地带，甚至是像这位妈妈一样偷看孩子的日记、偷翻孩子的书包。读懂孩子第一步要学会尊重。只有从妈妈这里得到了尊重，孩子才能敞开心扉，与你交心。

（2）帮孩子宣泄心中的不良情绪

焦虑、恐惧、自卑……这些孩子无法用言语表达清楚的负面情绪，如果能被妈妈理解，并且用合适的方式表达出来，对孩子造成的伤害就会减少很多。告诉孩子有了烦恼，不要闷在心里，要学会倾吐自己的烦恼。每天要留给孩子倾诉的时间，比如说晚饭后，或者是临睡前，设身处地地站在孩子角度，帮他（她）分忧解难。妈妈们要给孩子信心，告诉孩子只要宣泄出来，并加以疏导，这些不良情绪是完全可以被"击败"的。

（3）给孩子空间，不要对孩子过多干涉

各位妈妈可以试着想一下，如果有人对你管得太多，包办太多，你会不会觉得烦，想要顶撞一下呢？人都是这样的，不分男女老幼。己所不欲，勿施于人，所以在读懂孩子的时候，要注意给他们一些空间，不要总给孩子留下唠叨、烦人的印象，这样孩子也会更愿意跟你沟通一些。

（4）真正放下身段，跟孩子沟通

有些妈妈总喜欢在孩子面前保持威严，习惯用以上对下的态度来对待孩子。事实上，如果妈妈能真正放下身段，从内心尊重孩子，不再用命令的口吻跟孩子说话，会让孩子获得被尊重的感觉。孩子遇到困难时，如果妈妈能像朋友一样，和孩子共同面对与探讨如何解决这些困难，对孩子来说是莫大的鼓励。妈妈们要特别注意，不要总是对孩子说"不"，而是要给孩子选择题，让孩子自己做决定。

其实，读懂孩子的心灵并不难，只要妈妈们愿意蹲下来，从孩子的角度看这个世界，倾听他们的想法和建议。就是这么简单！

3 接纳孩子的不完美

"我知道自己不是一个完美的小孩,但你们从来也不是完美的父母。"每一个妈妈都希望自己的孩子是完美的。但是人无完人,所谓成长,就是不断完善自己的不完美之处。如果你不能接纳孩子的不完美,那你就是不接纳孩子的成长。

奥地利著名心理学家阿德勒曾经说过:"追求卓越是人的本性。"妈妈们都希望自己的孩子是"十全十美"的人。但很可惜,这种十全十美的人是不存在的。

好友陈好是一个完美主义者,我们从小一起长大,她一直都是一个乖孩子、好学生,对自己要求很高,以至于现在长大了,对孩子的要求也很高。她自己是学艺术出身的,在绘画上有一定建树,凭着自己的努力以及与生俱来的绘画天赋,在国内拿了不少大奖。

她结婚生下了女儿悠悠后,她也希望悠悠能像她一样成为一个画家。所以,悠悠刚学会抓笔,陈好就让她学习画画。好在,悠悠跟她一样,对绘画很有悟性,很快就能把简单的简笔画画得惟妙惟肖,这让陈好很开心,对悠悠的要求也越来越高。可不知为什么,悠悠似乎对绘画并没有太大兴趣,而且曾经的悟性也没有发挥出来,稍稍复杂点儿的画,她就画不出来了。自己一股脑灌输给悠悠的那些绘画技巧,她就像没有听到一样,一个都掌握不了,画出来的画要构图没构图,要色彩也没色彩。这让陈好很生气,经常训斥悠悠。

世界上没有完美的成人,也没有完美的小孩。或许妈妈在艺术上颇有造诣,但是不代表孩子就一定会喜欢艺术。这就像是有的孩子在音乐上很有天分,但是他的父母或许都是"五音不全"。妈妈们不要拿着自己的标准去衡量孩子。如果家长不能接纳孩子的不完美,那么孩子就会越来越累,越来越差。

这让我想起了我之前看过的几米的漫画,漫画里讲的是一个叫"郝完美"的孩子。从这个孩子的名字就可以看出他的爸妈对他的期许。面对父母的严要求，他觉得很累。"我知道我不是一个完美的小孩，但你们从来也不是完美的父母，所以我们必须互相容忍，辛苦坚强地活下去。"这是他内心的独白。

还有一个关于"圆"的故事，不知道你听说过没有？有一个圆不小心弄丢了一角，变得不再圆了，于是，圆发誓一定要把丢失的那角找回来。在寻找的过程中，因为不够圆，所以转动的速度很慢，但是也饱览了沿途的美景。后来，圆找到了丢失的那一角，它又变成了一个"完美"的圆，又可以以相当快的速度奔向前方，可是沿途还有什么景色，它早已不知道了……

我们的孩子或许是不完美的，但成长就是为了让孩子不断地完善自己的不完美之处，正是这样的不完美却可以给他们带来"上进"的勇气。如果妈妈们总是看到孩子的缺点，那么孩子也会下意识地去屏蔽自己的优点。如果妈妈们能无条件接纳孩子，总是给孩子希望和鼓励，那么孩子就会在潜意识里增强信心和勇气。

有一天小豆在听歌，听的是 TFBOYS 的《不完美的小孩》，"当我的笑灿烂像阳光，当我的梦做的够漂亮，这世界才为我鼓掌，只有你担心我受伤。当我必须像个完美的小孩，满足所有人的期待，你却好像格外欣赏我犯错犯傻的模样。"歌词讲述的是一个父母对孩子无条件的爱。听完之后，小豆突然用稚嫩的声音问我："妈妈，你说我是一个完美的小孩儿吗？"看着她清澈的眼神，我摸摸她的头说："宝贝儿，没有人是完美的，别人会犯错，你也会犯错，但是妈妈喜欢看到你努力成长，努力改正的样子。"

小豆非常喜欢游泳，于是我就给她报了游泳班。她学得很认真，老师也夸她水性不错。可是后来到了练习手、脚配合的阶段时，小豆的协调性却受到了严峻的考验。老师一遍一遍地给她讲，让她在泳池边练习，可是在岸上练得好好的，一下水还是立刻乱了套。这让老师非常生气，毕竟按照课程进度，是承诺通过这几次课程孩子就能学会的。于是，就用一副"孺子不可教也"的神情看着小豆。

面对一次一次的失败,一向对自己要求严格的小豆自尊心受到了极大的打击,于是坐在岸边一个人哭了起来。看见这个情形,我赶紧跑过去,一边安慰小豆说:"小豆,妈妈相信你,只要坚持练习,你一定能学会的。"一边鼓励她再次回到水里,在一次又一次的尝试下,小豆最终找到了节奏感,学会了游泳。当她以正确的泳姿在水里像鱼儿一样畅游时,我心里别提有多自豪、多开心了!

有人把孩子比作花,花期不同花朵绽放的时间、绚烂程度也不一样。有的孩子从起跑线上就能开出绚烂无比的美丽花朵,而有的孩子却需要一段时间的酝酿才能开花。我很喜欢季羡林大师的一句话:"不完美的人生才是真的人生。"接纳孩子的不完美吧!你要相信,总有一天他们会开得无比灿烂!

4 你不认可的事，孩子可能会觉得有趣

为孩子做决定，安排孩子的人生，这似乎是中国父母最喜欢，也是最常做的事情了。"我吃过的盐比你吃过的米还多"，可是你的过来人经验并不一定适用于孩子。相反，你不认可的事情，孩子可能会觉得很有趣。

"哎哟，我的小祖宗，真是上辈子的冤家！""我上辈子造了什么孽啊，让你这辈子来折磨我！""我不让你做这个，完全是为了你好，是出于爱你，你懂吗？"……这样的对话是否曾经出现在你和你的孩子之间呢？

每当妈妈们想要孩子做一些他们不想去做的事，或者是不想让孩子做一些他们很感兴趣的事情时，总是使出这样的"撒手锏"。但事实上，对于一件事情，孩子也会做出自己的选择。对于孩子不感兴趣的事情，妈妈们如果非要强迫孩子去做，即使孩子听从了妈妈们的建议，心里也会有反抗的小情绪。而对于孩子感兴趣的事情，即使你不认可，逼着孩子不要做，他（她）的心里也会有很多不情愿。

小豆还只有三岁的时候，一天，她的奶奶跟我抱怨说："今天要带小豆出门玩耍，给她换好了裤子，可是我刚去洗了个脸，她就自己把裤子脱了，非要穿裙子。"原来，那天小豆奶奶要带小豆去楼下公园散步，担心公园里蚊虫太多，就准备给小豆穿上裤子，防止蚊虫叮咬，可是小豆就想穿那条粉色的半身裙。在奶奶的坚持下她换上了裤子，可是看奶奶走了，她就立马把裙子换上了。奶奶回来一看可气坏了，生气地喊道："我刚给你换好的裤子，怎么又换成裙子了？"小豆一脸委屈地说："我喜欢这样的搭配嘛。"这可好，大小顽童两个人因为穿裙子还是裤子的问题闹起了小别扭。

听完整个故事，我笑着对孩子奶奶说："妈，小豆想要选择自己的衣服，说明她有了自己的审美观，只要不出格，就让她尽情穿嘛。"之后又对小豆说："奶奶给你挑选的衣服是怕你被蚊子叮咬，你想选择自

己喜欢的衣服,可以慢慢跟奶奶解释。为什么要等到奶奶离开了,再自己换上呢?"听了我的话,小豆点点头,默默地拿了水果去哄奶奶,大小顽童的矛盾这才化解了。

19世纪英国著名教育家赫伯特·斯宾塞曾经说过一句话,让我印象深刻。"教育,无论是家庭教育还是学校教育,它在本质上除了传递知识、道德培养外,就应该是对孩子权利的尊重。不明白这一点,任何教育都会失败的。"孩子有自己选择的权利,你不喜欢的衣服,孩子可能会很喜欢。

为孩子做决定,安排孩子的人生,这似乎是中国家长最喜欢,也是最常做的事情了。选什么特长、交什么朋友、发展什么兴趣爱好……家长们都要管,都要指手画脚一番才甘心。可是毕竟"强扭的瓜不甜",孩子的选择或许是错误的,或许是需要绕弯路,或许的确不如你的选择更好,但是不让他们去尝试、去体验,他们又怎么做出正确的选择呢?

小瑛是我的远房侄女,跟小豆年纪差不多,学习成绩一直不错,这也是她父母一直的骄傲。可是最近有一件事情却让她很苦恼。她妈妈每天都要求她回家练两个小时的小提琴,而且周末也会安排半天时间让她练琴。刚开始的时候小瑛听她妈妈的话认认真真地练琴,但是渐渐地她发现自己并没有小提琴的天赋。整天面对着枯燥的音符和琴弦,小瑛觉得很苦恼,时间久了,连学习成绩也受到了影响。

"小姑姑,我真的一定要学小提琴吗?我跟妈妈说我不想学,她却很生气地训斥我说,你一个小孩子家家的懂什么!小提琴多练气质啊,我和你爸爸都学过乐器,这对你有好处。"电话里,一边跟我说,小瑛一边抽泣着。"我不喜欢学小提琴,我没有这方面的天分,怎么学都学不好。我喜欢画画。"

听了小瑛的话,我决定找她好好谈谈。趁着一次出差的机会,我来到了他们的城市。在小瑛家做客的时候,我对她的妈妈说:"培养孩子的音乐素养固然重要，我也知道你跟哥哥都是学音乐出身的，但是孩子爱好这件事，她如果不喜欢，强加给她又有什么效果呢？我听说小瑛喜欢画画，只要不影响她学习成绩，学点儿她感兴趣的东西，也没什么不可以的呀！"

第二年寒假，我们家庭聚会的时候，小瑛很开心地抱着一幅画跑过来跟我说："小姑姑，现在妈妈同意我学画画了。您看，这是我刚画的，送给您！"看着她脸上洋溢的笑容，我欣慰地笑了！

妈妈们爱子、爱女心切，不放心孩子的选择，是人之常情，但是也要学会放手。在心理学上有个"投射认同"，意思就是说，父母如果潜意识里认为孩子没有选择的能力，认为他们做出来的选择肯定是会走一些弯路的，即使他们没有明确地告诉孩子"你不行，你选得不对"，他们在跟孩子相处的时候也会无意识地表现出来。而这种无意识的表现，就像是一个信号，源源不断地"投射"到孩子身上，慢慢地，孩子也会开始怀疑自己的选择，还有可能丧失选择的能力！

教育的一个重要目的，就是教会孩子怎样去选择：选择什么样的方法，什么样的专业；发展哪部分爱好，放弃哪些别的爱好，所有这些选择都必须由孩子自己做出。只有做他（她）自己选择的事情，遇到困难时他（她）才能去忍耐、努力，成功的时候也才能真正享受到明智选择的喜悦。

篮球明星乔丹的母亲在回忆乔丹的成长历程时，曾说道："在放手过程中，最棘手、最不放心的问题，是让儿女自己追求自己的梦想，自己做出事关终生的决定，选择与我为他们确定的不同的发展道路。"所以，一个真正有智慧的妈妈，绝对不是凡事面面俱到的"勤快妈妈"，而是不替孩子做决定的"懒妈妈"。

5 孩子接触什么，就会模仿什么

模仿是孩子的天性，他们接触什么，就会模仿什么。妈妈是孩子最常接触的人，也是最经常被孩子模仿的对象，因此，妈妈们一定要注意自己的行为，为孩子树立良好的学习榜样。

孟母三迁的故事，大家应该都很熟悉。孟子小时候很贪玩，模仿性很强。他家原来住在坟地附近，他常常玩筑坟墓或学别人哭拜的游戏，母亲认为这样不好，就把家搬到集市附近，孟子又玩模仿别人做生意和杀猪的游戏，孟母认为这个环境也不好，就把家搬到学堂旁边，孟子就跟着学生们学习礼节和知识。孟母认为这才是孩子应该学习的，心里很高兴，就不再搬家了。足见，环境对孩子性格、行为养成的影响。

好奇是孩子的天性，他们会把眼睛所看的东西，记忆下来并模仿，久而久之就形成了习惯。所以不要小看了孩子的模仿力，他们接触了什么，就会模仿什么。

不仅是孟子，每个孩子的模仿力都是很强的。孩子来到这个世界上，当他们睁开好奇的双眼，首先看到的就是妈妈。妈妈是孩子的第一任启蒙老师，妈妈的一言一行都将会影响孩子的言行，乃至孩子的一生。

美国心理学家班杜拉说："榜样的力量是无穷的。"而妈妈就是孩子最好的榜样。前一段时间，影视明星吴奇隆和刘诗诗大婚，意外走红了刘诗诗那气质如兰的妈妈。婚礼当天刘妈妈一身水蓝色旗袍，身材修长，大气婉约。当时看了新闻，我就跟同事们感慨道："难怪刘诗诗的气质这么好，这都是从妈妈的身上模仿到的。"

我们常说"看了这个孩子，就能知道他的爸妈是什么样的了"。孩子们最常接触的就是家长，所以最常模仿的也是家长。小到穿衣、吃饭、做运动，大到说话、做事、性格等，样样都是模仿的结果。或许你并没有发现，但是你的孩子正在密切地观察和模仿你。你的穿着、说笑谈吐、脾气爱好等，可以说都受到了世界上最严格的"监督"，最细微的仿效。

好友静静前一段时间工作压力非常大，工作电话经常都打到家里了。那天，我带着小豆去她家做客，她家也有个女儿丫丫比小豆略小一些，两个小女孩儿见面之后别提有多开心。在一旁正玩儿得起劲的时候，电话铃声响起来了，丫丫马上站起来，拿起电话，直接回了句："我妈妈不在家。"当时，我就愣住了。可是好友却一脸欣慰地看着丫丫，说了句"真聪明"。

我马上把静静拉到一旁，问她为什么要让丫丫撒谎。她还一脸不在乎地说："这有什么呀？我公司的事情总是把电话打到家里。我就告诉丫丫'如果是找我的，就说我不在家'。"我摇了摇头说："你就不怕丫丫养成撒谎的习惯吗？"静静还是满不在乎地说："不会的，丫丫很听话，我告诉她什么就是什么。"

后来有一天，静静哭着给我打电话说："我们家丫丫竟然撒谎，老师打电话来告状说，丫丫没有写作业还说自己把作业丢了。"她一边哭一边懊恼道："我真的不应该教丫丫撒谎。"

孩子是妈妈的一面镜子。"近朱者赤，近墨者黑"，试想一下，经常谎话连篇的妈妈怎么能养出一个诚实守信的孩子呢？每位妈妈在与孩子相处时，她的一举一动都会给孩子做出表率。妈妈们一定要给孩子创造一个良好的氛围。

那家长们应该如何给孩子起榜样作用呢？

我觉得首先是要营造一个和谐的家庭氛围。在宁静、和谐、愉快、舒适的家庭氛围中成长的孩子，在家里能有安全感，对生活也乐观向上，待人和善，信心十足。生活在气氛紧张家庭中的孩子，往往缺乏安全感，经常情绪不稳定，容易紧张和害怕。

另外，每位妈妈要从自身做起，注意生活里的每个小细节。我们小区有个七岁小孩，大家都管他叫小宝，是个"小精灵"，小区里的老爷爷老奶奶都很喜欢他,因为他总是很热情地向他们问好,看到爷爷奶奶们拿着重物也会主动地去帮忙提。爷爷奶奶们看他年纪小也不舍得让他提,但是他却像个小大人一样地说:"妈妈每次都会这样帮助别人,妈妈说我是个小男子汉了,也要帮助老人家。"每次都把爷爷奶奶逗得哈哈大笑。

勿以善小而不为,勿以恶小而为之。妈妈们的每个小举动,孩子都看在眼里。如果妈妈每天脏话连篇、秽语横行,教养出来的孩子能讲出几句文明的话来?如果妈妈不讲究个人卫生,不收拾屋子,各种东西都随手一扔,她的孩子又怎么会讲究卫生呢?如果妈妈做事毛毛躁躁、没有计划,孩子在学习的时候又怎么能认真、仔细呢?恐怕做起工作来也是随心所欲、无所顾忌的吧!

还有一点是要跟孩子做朋友。你的工作再忙,也要记得跟孩子沟通。妈妈们最忌讳的就是把"威严"凌驾在孩子之上,做"母上大人",如果这样,很容易给孩子无形的压力,疏远了和孩子之间的距离。妈妈们不妨站在孩子的角度上和他(她)交流,耐心地、真诚地倾听孩子的想法。如果你能让孩子把所有的想法通过语言表达出来,不管是积极的还是消极的,这对孩子来说是一种保护,我想你的孩子也会很欢迎和你做朋友的。

总之,孩子接触什么,就会模仿什么。给孩子营造一个和谐的氛围,做一个"好妈妈",孩子才能在模仿中茁壮成长。

6 你期望的事,未必孩子都能做到

"我们都是为了你好!""好啦好啦,我知道!"这样的对话,你是否觉得很熟悉?妈妈们经常按照自己的期望为孩子设定一个目标。可是,孩子的成长不是单方面的,有些你期望的事情,孩子未必都能做到!

月华出生在一个书香世家,她的妈妈是一位大学教授,也是我的一位好友,她的爸爸则是一位研究员。生长在这样的一个知识分子家庭,月华的父母对她的期望当然也是高的。"我们家月华将来一定得是一个全面发展的人才,不仅学习要好,音乐、美术、体育这些都得全面发展,我给她报了好多课外班。"边说着,月华妈妈拿出了一张排得满满的周末课外学习课程表,"周六上午钢琴,下午英语,周日上午羽毛球,下午书法或者是绘画。"

只见站在旁边的月华一脸无奈地看着这张学习课程表,叹了口气。其实,月华很争气。据我的了解,她不仅学习成绩好,而且课外活动中的表现也非常好。不过月华却也有些让人担忧的问题,比如:对别人的评价非常敏感,只要一点点负面的信息就足以击溃她,而且据她的同学说,她还有些神经质,"总是觉得她有心事"这是月华同桌对月华的评价。她没有同龄孩子的快乐和无忧,脸上写满了忧愁……

在跟月华的聊天中,我发现月华其实承受了很大的压力。在妈妈的高期望值下,她从小就有一种强烈的愿望,想要用自己最好的行动来让父母高兴。可是,有的时候需要兼顾的事情太多,她有些力不从心。

月华的妈妈还是那种好胜心特别强的人,只要月华做错一点事情,或者有一点达不到她的期许,她就会很生气地指出月华的不足,这也让月华倍感压力。

一句"技多不压身"的古训,让很多年轻的妈妈深信只要学得多,孩子就可以在起跑线上赢过别人。"我之前没机会学的东西,我的孩子一定要学。"于是孩子的周末时间就被排得满满的,学舞蹈、学英语、学绘画、学钢琴……孩子就像提线木偶一样,被大人的期望牵着走。他们想要呐喊,想要放弃,却奈何敌不过家长的威严。

之前在网上看到过一个小男孩写的日记:"我好累,每天除了上课就是辅导班,英语、钢琴、绘画、书法……我想到外面跟小伙伴玩耍,可是妈妈说那样太耽误学习,有时间还不如多练练琴。可是我一点都不喜欢练习钢琴。妈妈说都是为了我好,可是我觉得,她就是为了自己在朋友和同事面前有面子。虽然,妈妈的朋友们总是夸我聪明,可是我不喜欢这样的夸奖,她们越夸我,妈妈给我安排的课程就越多。我真的好累呀。我不喜欢这些叔叔阿姨们,我也不想上辅导班了!"

望子成龙、望女成凤,这本是无可厚非的,但如果对孩子的期望值过高,远远超过他们所能承受的范围,再加上不懂得如何给孩子以支持,只是一味地施加压力,很容易导致孩子说谎、逃学,甚至是离家出走、心理承受能力弱等问题。

我接触过一个叫沛沛的小孩,她就是这样一个活在家长期望高压下的孩子。刚上初一的沛沛,就读于一所重点中学,平时学习很刻苦。但是每逢大考,她总是变得焦躁不安,导致考试失利。原来,沛沛的妈妈平时对沛沛的成绩非常关注,期望也很高,每次刚考完,妈妈就会迫不及待地打电话跟孩子询问考试考得怎么样。

沛沛要是觉得考得挺好,妈妈就会做好多好吃的,就像过节一样;要是沛沛觉得考得不是很理想,妈妈就会感到紧张,甚至变得很暴躁。所以,沛沛每次考试也很紧张,生怕考不好,辜负了妈妈的期望。后来老师发现她上课经常发呆,还总是心事重重的。

找了个时间,我和沛沛的妈妈认真交流了一下这个问题,我终于说动了她,她决定回去之后试着不再给沛沛压力。后来,我再见到沛沛的时候,她已经变得自信和快乐多了。

每个孩子都有不同的潜质,他们的兴趣、潜能也不一定与妈妈理想中的模式完全吻合。有的时候,妈妈期望的孩子不一定能做得到,比如说你希望孩子将来在绘画上有造诣，可能孩子只对音乐有兴趣，你给孩子的期望就会成为孩子沉重的心理包袱。

父母的期望不能光从自身的意愿偏好出发，更不能盲目地跟风赶潮流，而必须从子女的身心发展特点出发。妈妈们在给孩子设定期望值的时候，不妨跟孩子商量一下，看看他们希望自己将来会变成什么样的人，或者是对什么方面的特长更感兴趣，再因地制宜地设定目标也不迟。一厢情愿地期望最终只能是事倍功半甚至是完全落空。

当然一个期望的设定也不是一成不变的，也可以根据孩子发展情况不断调适。毕竟孩子是在不断成长的，自身条件还有兴趣爱好也是在不断发展变化的，所以这个期望值也是可以根据情形的不同而适当调整的。

不过，各位一定要记住一个原则，那就是：如果你的期望和孩子的期望发生冲突，只要不是让孩子朝着不好的方向发展，就应该以孩子的期望为主导适当地调整自己的期望，而不是把自己的期望强加到孩子的身上。

孩子年龄越大，想法越多

妈妈们总想以一句"为了你好"来堵住孩子的嘴，殊不知这句话在孩子还小的时候或许有用，但随着孩子年龄的增长，想法越来越多，这样的方式反而会让孩子越大越不听话。

去给小豆开家长会的时候，总是有家长问我，"你家孩子平时听话吗？"我的回答永远是"不听话"。小豆真的不是一个"听话"的孩子，我也不希望她成为一个听话的孩子。她有很多自己的想法，她会画"蓝苹果"，遇到自己想要的东西她会去争取，也会把自己的想法都说给我听。

但是五岁的蜜蜜就不一样了。她一直是大家眼中文静的小淑女，每次到了放学的时候妈妈去幼儿园，大部分小朋友都在教室里玩耍、嬉笑，只有蜜蜜，在自己的小板凳上规规矩矩地坐着，不吵不闹。老师也总是夸奖她非常听话，从不违抗命令。其他家长们也是又羡慕又好奇，都向蜜蜜的妈妈取经，问她是怎么把她培养得如此"安静"。

原来，蜜蜜从小到大一直被教导，"一定要听话，爸妈最爱听话的乖宝宝，让你干什么就要干什么"，慢慢地，她为了得到外人的一句"真听话"，看到爱吃的零食也不敢要；想跟其他小朋友玩，却怕被说"不乖"……

一直"听话"的蜜蜜只要稍稍有一点违背妈妈的苗头，就会被妈妈教育说"你这样可不是乖孩子哦，不可以这样。"一次，蜜蜜很想和小朋友一起去参加学校的夏令营，可是妈妈却一直不同意。这边是要做妈妈的乖孩子，另一边是和小伙伴的友谊，蜜蜜大哭大闹了好几天，让蜜蜜妈妈真是又气又恼。

"我的孩子小时候挺听话的啊，怎么越长大越不让我省心了呢？""这还是我家孩子吗？怎么长大了之后突然性情就变了！原本我们大人说什么就是什么，现在还会跟我顶嘴了！"……各位妈妈们，有没有过这样的困扰呢？其实这些困扰的答案只有一个：孩子年龄越大，想法越多。他们需要朋友，需要自由空间，慢慢地"乖孩子"也学会反抗了。

在中国家庭中，妈妈们总是喜欢用自己"过来人"的经验来教育孩子，诚然，家长们在阅历和经验上真的比孩子要丰富得多。但是孩子毕竟是一个独立的个体，而不是家长手中的提线木偶，他们有自己的想法，而且随着年龄的增长，这种想法会越来越多。如果家长不考虑孩子的想法，一味地强迫他们去做一些不喜欢做的事情，而孩子也许迫于父母的威严不敢反抗，那么久而久之他们就"被盲从"了，失去了自主性，也失去了自己选择的自由。

孩子有自己的想法是一件好事情，当他们学会了思考，努力地想要探索这个复杂而奇妙的世界时，他们就不再是那个躲在大树底下的小树苗了。

一个真正理解孩子的妈妈，会鼓励孩子独立思考。我之前看过这样一个故事，美国电视台的一位著名主持人比尔在一次电视节目中问一个七八岁的小女孩："你长大以后想做什么？"女孩很自信地答道："总统。"当时全场观众立刻一片哗然。比尔做了一个惊讶的表情，然后问："那你说说看，为什么美国至今没有女总统？"女孩想都没想就回答："因为男人不投她的票。"全场一片笑声。比尔又问："你肯定是因为男人不投她的票吗？"女孩不屑地说："当然肯定。"比尔意味深长地笑笑，对全场观众说："请投她票的男人举手。"伴随着笑声，有不少男人举手。比尔得意地说："你看，有不少男人投你的票呀。"女孩不为所动，淡淡地说："还不到三分之一。"比尔做出不相信的样子，对观众说道："请在场的所有男人把手举起来。"言下之意，不举手的就不是男人，哪个男人"敢"不举手。在哄堂大笑中，男人们的手一片林立。女孩露出了一丝轻蔑的笑意："他们不诚实，他们心里并不愿投我的票。"许多人目瞪口呆，然后是一片掌声，一片惊叹……

一个七八岁的女孩在没有任何人提示或帮助的情况下，凭借自己的判断和思考，对主持人的提问从容作答，这种独立思考的能力正是许多中国孩子所欠缺的。一个真正理解孩子的妈妈会鼓励孩子独立思考。

一个真正理解孩子的妈妈还会尊重孩子自己的想法。小豆喜欢玩积木，那时候小豆还在上幼儿园，她在外地读大学的姐姐来我家做客，两个人就玩起了积木。在堆积木的时候，一开始小豆总是堆不好，很容易就倒掉了。她的姐姐就告诉她怎么摆积木才不会倒。可每每这个时候，小豆就会很不乐意，不允许姐姐做主。哪怕堆得太高了，按小豆的身高来说再往上摆就会倒掉，需要姐姐代劳，也是要按照她的要求放上她想放的那一块。

一开始，小豆爸觉得小豆这样很没礼貌，想要去阻止，我拉住了她爸，告诉他，咱应该为孩子有自己的想法感到高兴，也应该尊重孩子的想法。一个真正理解孩子的妈妈是会尊重并鼓励孩子有自己的想法的。想法多不可怕，可怕的是还没来得及思考，那些看似"乱七八糟"的想法就被扼杀在摇篮里了。

前段时间，电视剧《虎妈猫爸》很火，"虎妈""猫爸""狐狸奶奶""狮子姥爷"和"兔女儿"之间的"相爱相杀"被刻画得非常细腻。"兔女儿"在"狮子姥爷"的"必胜诀"的束缚下，渐渐失去自我，那些曾经在心里萌发的小绿芽都在"温室"中枯萎了，女儿最后甚至患上了抑郁症。

作为孩子的妈妈，你完全有权利为孩子选择他（她）的童年和人生，但是，也不能忽略了孩子的想法，毕竟孩子越大，他们的想法就会越多，也越不可被忽视！

8 叛逆期的躁动在所难免

很多时候,"叛逆"是源于一种对束缚的反抗。孩子处在青春发育期,难免会有叛逆期的躁动。既然叛逆期的躁动在所难免,我们为什么不能正视它的存在呢?

我朋友的儿子肖杰刚上高一,就迷上了电吉他,嚷嚷着非要和几个朋友组乐队,一起玩儿音乐,这让肖杰的妈妈很担忧。上了高中,眼看着孩子的学业开始紧张了,一向听话的肖杰却像着了魔一样,痴迷于电吉他。因为这件事,肖杰的妈妈不知道找他聊过多少次,可是他就是听不进去,每天一放学就跟小伙伴一起去一个废弃的工厂里面练习。在肖杰看来,跟小伙伴一起在工厂里玩音乐是一件很自由又很酷的事情。在电吉他上,他可以得到从学习中得不到的快乐和自信。但在肖杰的妈妈看来,痴迷于电吉他无异于毁掉孩子的前途。

肖杰的妈妈自然不能放任儿子就这样亲手毁掉自己。于是,肖杰的妈妈决定强行禁止儿子玩电吉他,她每到放学的时候,就到学校门口接肖杰放学。可谁知"上有政策,下有对策",一开始肖杰还乖乖地跟着妈妈回家,后来就开始从家里溜走,再后来甚至从学校侧门离开,躲着妈妈去练习。这让肖杰妈妈很愤怒,于是她一气之下将肖杰的电吉他给砸了,又切断了他的零花钱,还私下去找肖杰的小伙伴让他们不要再耽误肖杰学习。

肖杰一言不发地接受了这个裁决,但却对家人越来越冷淡。在高二升高三的那年暑假,肖杰告诉自己的妈妈:"我不考大学了,我要去组乐队,玩音乐,你们不给我钱也没关系,我马上成年了,我可以自己想办法。"肖杰的决定让他的妈妈顿时傻了眼。

"原本好好的一个孩子,怎么就变得跟刺猬一样?"肖杰的妈妈向我哭诉道。我告诉她,肖杰这是典型的青春叛逆。面对孩子的不成熟选择,直接砸了他的电吉他,切断他的零用钱,无疑是在激化矛盾,将孩子推向反抗的极端。我建议肖杰妈妈可以找孩子好好谈谈，先承认自己之前的反应是有些过激，然后再告诉孩子他可以继续坚持他的爱好，不过如果要以此为事业，因为事关重大，还需要更多的考察，先完成学业，才能有资本实现梦想。

按照我说的，肖杰妈妈找肖杰谈了之后，肖杰对妈妈说，自己当时也有些意气用事，他会以学业为先，但是也想在周末的时候去跟朋友练习电吉他，希望得到妈妈的支持。母子俩经过促膝长谈后，和平地解决了问题。

孩子处在青春发育期，身体加速发育，生理上越来越接近于成人，心理上对于独立生活的渴望也越发强烈。他们想要长大，想要抛去童年的影子，摆脱家长们的意志，真正实现自我意识的"第二次飞跃"。他们一方面需要空间、需要自我，另一方面又缺乏经验，心智发展相对不成熟。他们需要依赖家长，又因为心理和生理的成长而躁动不安，于是就有了"叛逆"的表现。

处在青春发育期的孩子，有叛逆的躁动在所难免。我之前看过一篇报道，报道里写道，有研究发现，一个家庭里如果父母关系不和睦，他们的子女患有人格障碍疾病的概率要比父母关系和睦的家庭高1.5倍，而单亲家庭子女人格障碍患病率为双亲家庭的5.9倍。由此可以看出，父母之间的矛盾会直接影响到孩子的成长和性格发育。想要让叛逆期的孩子平静下来，给他们营造一个良好的家庭氛围很重要。

除了父母之间的不和睦关系，父母与孩子这两代人之间关系紧张也会给青春期叛逆埋下伏笔，就像在文章开头讲到的肖杰的故事一样。在教育孩子的时候，家长应该充分尊重他们，让他们有机会提出自己的看法，通过自己的判断做出合理的选择，用平等、友好的态度和子女谈心，拒绝做"家庭独裁者"。

妈妈们还可以尝试做孩子的智囊团。一个朋友的孩子倩倩第一次参加学校的英语演讲比赛，眼看着第二天就要比赛了，女儿却死活不想参加比赛。她把自己锁在房间里，任凭父母怎么敲都不开门，还绝食抗议，这可把爸妈急坏了。面对孩子的紧张躁动，我的这位朋友并没有急着跟孩子唠叨，而是对孩子说："倩倩，你先开开门，你告诉妈妈为什么突然不想参加比赛了。只要你能说服我，我就尊重你的选择。"倩倩欣然同意了，和妈妈一起分析了放弃这次英语演讲比赛的利弊。

经过一番交谈，倩倩决定继续参加比赛，她还即兴给妈妈演讲了一段，妈妈也给孩子指出了一些应该注意的问题。倩倩虽然没有在英语演讲比赛中获奖，却也收获了一份宝贵的经历。

孩子在叛逆期遇到了问题，往往不想跟父母沟通，妈妈们要试着当孩子的智囊团，给他们自由，也提供自己的建议。后来，倩倩对我的朋友说："妈妈，还好我当时听了您的建议，没有放弃。我以后还是想听听您的意见。"

虽然我们要包容孩子的叛逆，但是对原则性的错误也要坚决说"不"。妈妈们要给孩子设置一个不能触犯的底线，比如说不能伤害自己，也不能伤害别人。对原则性的错误要坚决说"不"，这样才能既给予孩子需要的成长空间，又避免做出一些出格的事情。

处在叛逆期的孩子难免会出现强烈的负面情绪，妈妈们要用平静和耐心对待，千万不能通过打骂的方式去强迫孩子安静下来。家长朋友们可以尝试给孩子独处的空间，让他们的情绪慢慢平静下来，然后再跟他们平心静气地聊一下造成情绪失控的原因，对孩子的一些叛逆的想法表示理解，通过交谈了解孩子内心的想法。家长要注意鼓励孩子说出自己的看法。

9 孩子的天职是成长，不是考试

不可否认，考试对孩子很重要，但考试也是为了孩子成长。孩子的天职是成长，不是考试。可不要因为一味关注考试成绩，而忽略了成长这个过程！

一个笔名叫"小耳朵"的小姑娘曾经给我写信，她告诉我，自己是一名初中三年级的学生，马上面临初升高的考试，学业特别紧张。从她的信里我知道，她的父母特别看重她的学习，从开始上学起，只要考完试，哪怕只是随堂的小测验，结束后回家她妈妈的第一句话永远都是"今天考得怎么样啊？"虽然"小耳朵"的学习成绩还算不错，不过每天被这样问，也让"小耳朵"感觉很不好受。她在信里写道："我不明白妈妈为什么这么看重分数这个问题，他们难道都不关心我在学校过得怎么样，有没有遇到不开心的事情吗？"

谈到孩子的学习问题，相信很多家长的心声都是：只要孩子能够学习好，什么条件都答应他们。而一张小小的成绩单似乎就成了衡量孩子学习的唯一标准，就像"小耳朵"的父母一样，只关心孩子的学习效果，比如作业完成了没有，考试成绩怎么样……很少关心他们在学习中成长了多少，他们的学习习惯正不正确、学习态度端不端正，能不能在学习中不断地进步……

我曾经看到过一个感人的故事，可能很多人也看过。这个故事讲的是：有一个孩子，他的成绩并不是很优秀。有一次他的妈妈去学校开家长会，发现孩子期末成绩竟然是班里的倒数第二名。面对孩子这样的成绩，这位妈妈当然是心情复杂。等她开完家长会回到家后，这个孩子就一脸期盼地问妈妈："妈妈，我的考试成绩怎么样？老师有没有表扬我？"

这位妈妈面带笑容地告诉孩子："孩子，老师表扬你了，说你遵守纪律热爱劳动，你的成绩也不错，只要稍一努力就会超过你的同桌。"

孩子得到表扬后心里高兴得不得了，坚定地对妈妈说："妈妈，我下次考试一定会超过我的同桌的。"后来，又是一次家长会，孩子考了班里的二十几名，回家后孩子又问妈妈："妈妈，我超过自己的同桌了吗？"这位妈妈再次温柔地对他说："在你的带动下，你的同桌也进步了，虽然离你的同桌还有一点点的距离，但你的进步比他更大。"

在这位妈妈的一次次鼓励下，这位孩子最后以优异的成绩考入了重点大学。在拿到入学通知书的那一刻，这位孩子激动地对妈妈说："妈妈，其实我一直知道自己不是最优秀的，是你一再的鼓励使我有了今天的成绩，谢谢您妈妈！"

"分分分，学生的命根；考考考，教师的法宝。"这是我们还是学生的时候就流传着的一句话，似乎还适用于现在。分数，不仅是孩子的命根，也成为很多家长的命根。而事实上，对孩子来说，最重要的不是考试，也不是那一张张高分的成绩单，而是在学习中一步步地成长和进步。

那么，要如何面对孩子的考试和成长之间的关系呢？聪明的妈妈可以试试下面这几个方法。

（1）不要太关注结果，要多注重过程

对于小豆，我很少关注她每次的考试成绩。小豆很喜欢看书，我就给她买了很多课外书阅读，还鼓励她多做读书笔记，可以单独准备个本子，也可以随手将感悟写在书上，她每次都很认真地整理，即使标记在书上，也是工工整整的。

我平时也会经常带小豆去博物馆，去旅行，每次都会和她交流这些活动的感受。孩子见识多了，平时积累也多了，语文成绩自然也提高了。特别是作文，每次都文思泉涌，写的文章既生动有趣，又充满真情。老师经常把小豆的作文当作范文在课堂上展示出来，每次，小豆都既骄傲又自豪。

三年级上学期的期末考试，因为作文偏题，让小豆的成绩直线下滑，小豆回家后，胆怯地将那份不理想的语文试卷递到我面前。看着眼前这个泪水已经在眼眶里打转的小家伙，我微笑着对她说："小豆乖，妈妈上学的时候也有过作文写偏题的时候，后来妈妈又重新认认真真地写了一篇交给老师，还得到老师的表扬了呢！"听了我的话，小豆抹了抹眼泪说："妈妈，我知道了，下次我一定认真审题。我现在就去重新写一篇交给老师。"

学习成绩往往是家长们衡量孩子的唯一标准，这样其实很危险。孩子总有成绩不理想的时候，这个时候，老师和家长哪怕是轻微的怨言都会挫伤孩子的学习积极性。父母最需要的就是信任自己的孩子，鼓励孩子追求努力的过程。一句"妈妈相信你，只要努力就一定会成功，只要你努力了，不管成绩怎么样，你在妈妈眼中都是最优秀的"胜过千万句责骂。

（2）激发孩子的学习积极性

如果没有学习的积极性，再聪明、再有能力的孩子学业上也难有所建树。还是拿培养孩子的阅读积极性来说吧，我平时经常会陪着小豆读书，遇到看不懂的地方，就勤查字典，然后用通俗的语言来解释给她听。每看完一本书，我都会跟小豆聊聊书里的内容，让她说说自己的看法和理解，有的时候还会有个小辩论。

（3）消除孩子的考试焦虑

学生很少有进考场不紧张的，考试焦虑会降低孩子的考试状态，轻则出现烦躁、精力不集中的症状，严重了还会产生失眠、神经衰弱等不良反应。会出现考试焦虑，归根到底还是孩子的考前准备不充分，以及得失心太重。在考前制订详细的学习和复习计划，让孩子有目标、有策略地复习是必要的。同时，我还自创了一套"减压操"，可以教给孩子，考前坐在座位上做几遍：首先闭上双眼，深呼吸，用鼻子深深地吸气，慢慢地呼气，然后轻微地活动手、脚还有后背和头，感觉身体的每个部位都放松下来了，直到身体完全放松。

不可否认，考试很重要，但是考试成绩不是我们教育孩子的目的，而只是评价孩子成长的一种手段。考试是为了孩子的成长，为了孩子的发展，如果妈妈们一味关注孩子的成绩，而忘了成长这个过程，考试也就失去了意义。

10 再忙，也要分一些精力给孩子

家庭在左，工作在右，职场妈妈们经常在工作和妈妈两个角色中来回切换。但是要记得，再忙也要分一些精力给孩子。

有一位"女强人"妈妈之前给我写信，告诉我说："我的儿子今年四岁了，总觉得他特别孤僻，不太爱和其他的孩子接触。这让我十分有挫败感，偌大的公司我都可以管理好，为什么偏偏管不好一个四岁大的小屁孩？"

像这位妈妈一样面临这样苦恼的职场妈妈有很多。年轻父母小时候很多生活条件不太好，为了给孩子自己小时候没享受到的幸福，给他们买玩具、做好吃的饭菜、穿名贵的衣服、睡软绵绵的大床……他们不得不花更多的时间在"打拼"上。当他们事业成功后，却发现已经错过了孩子的成长。

不要再拿忙作为借口，你再忙有美国总统奥巴马忙吗？

作为父亲，美国前总统奥巴马一直都被贴着"好父亲"的标签。第一次当选总统时，奥巴马说竞选中有件事他很自豪：在长达21个月的竞选宣传中，没错过一次孩子的家长会。第一夫人米歇尔在演说中谈到丈夫时也说道："至今他仍每晚和女儿一起吃晚餐，耐心回答她们的问题，为她们在学校交朋友的事出谋划策。"

奥巴马与妻子米歇尔育有两个女儿，大女儿马莉娅和小女儿萨莎。奥巴马自己也承认，自从开启政治生涯后就经常不在家，陪伴教育马莉娅和萨莎的重担更多地落在妻子米歇尔肩头，但他会竭尽全力，抽时间与家人相聚。在奥巴马看来，做父亲虽然辛苦，却是给他回报最丰厚的一份工作。他鼓励所有的父亲多花时间陪伴孩子，把与子女相处视为"要务"。

与工作相比，教育孩子才是一项更加重要、更难完成的事业，是每一对父母必须面对的头等大事。

靓靓的妈妈是公司的高管,平时工作忙得不可开交,自从靓靓上学之后,就很少跟妈妈见面了。更多的时候,靓靓都是跟着爷爷奶奶一起住,上学放学只有他是司机和保姆接送。

面对早出晚归的妈妈,靓靓的心里一直默默有个疑问"妈妈是不是不爱我啊?"终于有一次,他选择了离家出走。学校的老师和同学见他没有去学校上学,就打电话给靓靓的爷爷奶奶。最后,老师和同学是在学校附近的网吧里找到了靓靓。

靓靓原本以为回家后等待他的会是一顿臭骂,谁知,他一回家,就看见正在跟下属打电话安排工作的妈妈,一边穿衣服一边出门去了,完全没有问他关于离家出走的事情,就像是压根不知道一样。靓靓心里委屈,闷闷不乐地回到了房间,而房间外传来了汽车发动的声音……慢慢地,靓靓变得越来越内向寡言。

"我最喜欢的事就是和爸爸妈妈在一起。"这是小豆经常挂在嘴边的一句话。每次说这话的时候,小豆的脸上就会不由自主地洋溢出快乐又甜蜜的笑容。

我们一直都在说孩子变了,90 后、00 后不再是我们那个年代的孩子了。其实,孩子一直都没有变,他们对父母最基本的渴望还是陪伴,变的是家长们,现在的很多家长只愿意在孩子身上花钱,不愿意花时间、精力和心思陪伴,而是把孩子丢给父母甚至是保姆照顾。

我们都爱自己的孩子,但是仅仅是爱孩子还不够,我们更要抽出时间来陪伴孩子。的确,生活节奏越来越快,对于职场妈妈来说,又要培养孩子又要做好工作,这个平衡很难掌握。"世上无难事",只要用心,陪伴孩子的时间挤一挤还是有的。

为了让孩子有个更好的成长环境,不管再忙再累,我们也要腾出时间和孩子一起游戏、阅读、闲谈,共度欢乐时光。只有这样,孩子才能感受到浓浓的亲情,才能从妈妈那里得到更好的教育。

第三章 为何孩子闷在心里不想说？

1 永远不要低估语言对孩子的影响

我们每天都在用语言跟孩子交流,却很少有人知道语言的力量究竟有多大。一句话可以改变一个孩子的命运,可以让一个孩子功成名就,也可以让一个孩子一无所成。每天对孩子输入不同的语言,对孩子的成长的作用是完全不同的。

这些话你曾经对孩子说过吗?

"怎么学半天都学不会呢?"

"都跟你说了多少遍了?怎么就是不长记性?"

"你看人家×××,考试总得第一名,你怎么就考不好?"

"你怎么总是不如×××做得好?"

……

家长看似脱口而出的一句话,或者是已经成为习惯的语言模式,其实很容易伤了孩子的心,而这种伤害远比打他(她)一顿还令孩子难受。

心理学家B·埃基兰德曾经做过一项研究,发现遭受心理虐待的孩子比遭受肉体虐待的孩子承受着更大的精神和心理痛苦,这是因为心理虐待会给孩子的自尊心以沉重的打击。而暴力语言是心理虐待的直接武器。

我这么一说,你或许会想,不就一句话吗,有这么夸张的影响吗?其实,看似云淡风轻的一句话,这其中却带有着恐吓、贬低倾向的词语,时间久了,给孩子造成的心理影响可比体罚孩子残酷、持久多了,而且,与体罚相比,暴力语言还更具有隐蔽性,很容易被家长们忽视。

如果您还是不服气,那么我就再给各位妈妈讲一个关于青蛙的寓言故事。在青蛙王国里,举办了一场别开生面的攀爬比赛,比赛的终点是一个非常高的铁塔塔顶。一大群青蛙围着铁塔看比赛,给选手们加油。这些围观的"蛙众"们,没有一个是相信这些小青蛙能够爬到塔顶的。

"这太难了！它们肯定到不了塔顶！""这塔这么高，它们绝不可能成功的！"在围观的"蛙众"们的讨论声中，一只又一只的小青蛙泄了气，只剩几只还在坚持着往上爬。"这么难，没有谁能爬到塔顶的！"议论声此起彼伏，越来越多的青蛙退出了比赛，只有一只还在继续爬着，而且越爬越高，最后顺利地爬到了塔顶，成为唯一一只到达塔顶的胜利者。其他参与的青蛙们在佩服它的同时，也好奇这只青蛙成功的原因。原来，这只青蛙听不见声音。

这个故事就告诉我们，永远不要对孩子灌输消极的语言，它们只会击碎孩子内心最美好的梦想和希望。或许它一天两天看不见影响，一年两年的影响也没有那么明显，但是经常给孩子输入消极的语言，这种潜移默化的影响，力量可是吓人的。

相反，如果一直给孩子灌输正面积极的语言，孩子也会在这些语言的激励下，慢慢地向着你心目中"好孩子"的方向前进！

那么，要怎么跟孩子"说话"呢？

（1）对"不"说拜拜

之前在网上看过一个小实验，很有意思。现在请你闭上眼睛，然后大声地告诉自己："不要去想一只老虎。"这个时候，你的脑海里出现的一定是一只老虎！

离我们家小区不远的地方有一个小广场，晚上那里很是热闹，我常带着小豆去那儿散步。小广场上人很多，有一个小男孩却吸引了我的注意力。他看着有些腼腆，很多小朋友都在健身器械那里玩耍，可是就他一个人跟着妈妈一起坐在旁边看着。从他的眼神里，我可以看出他很想跟小朋友一起玩儿。很快小男孩的目光被地上的一只小虫子吸引了，他刚准备起身去抓虫子，妈妈立刻一把拉住他，并严厉地说道："不准碰那些虫子，我们回家啦！"说罢就拉着小男孩起身离开。在妈妈的拉扯下，小男孩无奈地走了，可是一边走，他还一边不住地回头看那只小虫子。

妈妈们都希望孩子能听话，但是用"不要去做"来限制孩子的行为，反而会强化孩子对"不要做"的事情的印象。比如你跟孩子说"不要尖叫""不要哭"，到孩子耳朵里就变成了"尖叫""哭"了。相反，如果你跟孩子说"要和小朋友一起好好相处""遇到问题，要心平气和"，传递给孩子的信息就比"不要做……"好很多。

（2）鼓励的话语多一些

比如说，一个孩子做事有些拖沓，家长如果整天骂他（她）"整天做事都拖拖沓沓的，将来能做些什么大事儿？"这个孩子可能从小到大认为自己就是拖拖沓沓的，然后一直拖拖沓沓下去了。家长如果给他（她）创造一个机会，让他（她）扫地收拾屋子，告诉他（她）三个小时必须搞定，然后在两个小时的时候，过去鼓励他（她）一下，告诉他（她）一下"妈妈相信你，你可以收拾完的。"时间长了，他（她）就会发现自己可以做到不拖沓，而且不拖沓的话，会得到妈妈的鼓励和表扬，慢慢地他（她）就会成长了。

（3）说错话要学会道歉

妈妈们难免都会有一时冲动的时候，一旦说了冲动的话，不管孩子有多大，都要给他们真诚地道歉，来化解"说错话"对孩子心理造成的影响，很有可能还会意外收获孩子的友谊。

语言不是一种用来制裁和统治你的孩子的武器，而是一种表达对孩子爱的方式。所以，各位妈妈们，为了孩子的成长，现在开始改变自己说话的方式吧！

2 越沟通，孩子越会把你当朋友

> 一个好妈妈，从来不会把自己当成孩子的保姆，也不会把自己定位成孩子的老师，而是把自己当成孩子的朋友。藏住你的强势和权威去和孩子沟通，越沟通，孩子就越会把你当朋友。

小豆上小学二年级的时候，语文老师布置了一篇作文叫《我的朋友》。而她的作文主角是我。她写道："我有个像朋友一样的妈妈，她不像别人的妈妈一样严肃，她也不像别的同学的妈妈那样整天把学习挂在嘴边，更不像别的妈妈一样不让我出去玩，整天闷在家里写作业。她有的时候还会喊我陪她一起玩儿。遇到什么事情，我第一个想到的就是跟妈妈商量。她就像一棵大树一样，在我遇到困难，遇到不会解决的问题时，为我伸出温暖的臂膀为我排忧解难。我爱我那童心未泯的好朋友——妈妈！"我一边读她的作文，一边感动地哭了出来。

对小豆的成长陪伴，我一直都把自己定位在朋友这个角色上。回顾起小豆的一路成长，沟通真的是帮了我一个大忙，是沟通让我和小豆变得亲密无间，成为知心朋友。

很多妈妈都把孩子当成是一个没有思想、懵懂的孩子，认为自己"吃的盐比孩子吃的米都多""小孩子家家知道什么"，于是，在心理上，这些妈妈们就以一个居高临下的姿态，用自己的权威去管教孩子，无形中，就拉远了和孩子的距离。

一个朋友过生日办派对，我和老公带着小豆去参加。在派对上，有几个孩子比小豆大一些，正在玩儿脑筋急转弯。我们几个家长也站在旁边看热闹。"问一棵树上站着三只小鸟，一个猎人用枪打死了一只，现在树上还有几只小鸟？"这次轮到成亮回答了，只见成亮想都没想地脱口而出，这个简单"三减一等于二，树上还有两只鸟"。成亮妈妈急了，喊道："儿子，你再好好想想，是两只吗？"成亮想了想回答道："就是两只啊！没问题。""怎么那么笨！这是脑筋急转弯，会那么简单吗？你想想，虽然打掉的是一只，但是枪是有声音的啊，鸟又不是傻，不会飞吗？"成亮一听妈妈在这么多人面前骂他笨，很生气地走开了。

与孩子沟通不能单方面机械性地说教，而要站在一个平等的角度，试着用平和、商量的口吻来引导孩子。"儿子，妈妈很欣赏你坚持自己的主张，但是你想一下，虽然只打死了一只鸟，但是枪是有声响的啊。平时咱在路上走动一下的声响，就能把落在地上的鸟吓飞，何况是枪声呢？"如果成亮妈妈是这样跟成亮沟通的，那么成亮很快就能意识到自己的问题出在哪里，也不会觉得自己在这么多人面前没面子了。

与孩子沟通是有很多技巧的，比如说，平时孩子回家的时候，你会如何问孩子这一天发生了什么呢？是不是只机械地问孩子在学校听不听话？上课有没有认真听讲？跟老师、同学相处是否融洽？今天在学校吃饱了没？如果是这样，你的沟通就是失败的。

妈妈们可以试着用一些更有互动性的问题来提问自己的孩子：今天有没有什么好玩的事情呀，来给妈妈讲一下？小孩子都喜欢有趣的事情，而且他们的眼睛也善于发现生活中的趣味，于是话匣子一下就打开了，开始给你饶有兴趣地讲起来。只要孩子愿意给你讲他（她）在学校里发生的趣事，就说明他（她）愿意跟你成为无话不谈的朋友。

不知道你是否也有过这样的想法：觉得孩子还小，家里的一些大事跟他（她）商量也没有什么用，还不如不说。其实这就大错特错了。如果想要和孩子做朋友，在沟通时就不能存"孩子还小"的偏见，家里的重大决定，也要试着让孩子参与讨论。

这一点，筱柔的妈妈做得就很好。筱柔还有一年就要上小学了，为了让筱柔上个好学校，同时离学校近一些，筱柔的爸爸妈妈就开始商量着买套房子了。爸爸妈妈忙得不亦乐乎，周末还去看房子，可是妈妈突然发现筱柔最近的情绪不太高,好像对新房子兴趣不大。筱柔一向都是一个挺内向的孩子,很依赖妈妈,于是,筱柔妈妈就试探性地问筱柔对搬家有什么看法。出乎妈妈的意料,筱柔非常反对搬家。"妈妈,在这边我有很多小伙伴,我们玩得很开心,尤其是隔壁的玲玲姐姐,我很喜欢跟她一起玩儿。搬家之后就没机会和他们玩了。我上小学时再搬家好不好?我想再跟小伙伴们玩一段时间。"听了筱柔的话,筱柔妈妈决定遵从筱柔的意见。

"孩子长大了,心里的话也不跟我们讲了,真不知道他(她)是怎样想的。"常听到不少妈妈这样抱怨孩子。其实不是孩子大了,而是孩子与妈妈之间没有起码的沟通交流的机会。所以各位妈妈,试着用沟通去打开孩子内心的那扇门吧,做孩子永远的好朋友、好伙伴。

3 鼓励孩子说出想法

孩子都有自己的想法,如果不说出来,就不会被理解或者是认可。妈妈们一定要鼓励自己的孩子说出想法,这样才能更好地理解孩子的困惑,及时给孩子引导和帮助。

安安妈妈小于最近是又迷惑、又难过,她不知道那个爱和自己谈心事的儿子是怎么了!一个周末她约我去喝下午茶,把自己的烦心事讲给我听。安安今年刚上小学,对学校的一切都充满了好奇,每次放学回来,他总是会妈妈长、妈妈短地跟小于说个没完,讲一些学校里发生的有趣的事情。可是最近却什么都不说了,有好多事情都是安安的班主任给她打电话她才知道。而对于小于的话,安安也开始置之不理了。

小于也不知道安安出了什么事情,问他,可是他什么都不说。一边聊,小于一边跟我诉说着她的困惑。不过小于讲到的一件事情,却引起了我的注意。一天安安放学回家,他兴奋地对小于说:"妈妈,今天学校里发生了一件好玩儿的事情,老师……"还没等安安说完,小于就摆摆手说道:"别说了,赶紧去洗手,准备吃饭了。"安安乖乖地"哦"了一声,然后去洗手了。饭桌上,安安还是没有放弃,又开始对妈妈说:"妈妈,我跟你讲今天在学校发生的这件事情可好玩儿了……"还没说完,小于又打断了他说:"赶紧认真吃饭,吃完饭还要写作业,写完作业再预习一下明天的内容。"听了妈妈的话,安安眼睛里闪烁的兴奋慢慢消去,默默地埋头吃饭,吃完饭就去写作业了。第二天早上吃早饭的时候,安安又想起了昨天在学校的趣事,又准备开口的时候,小于不耐烦地说道:"行啦,学校里发生个小破事儿有什么好讲的。快吃饭!一会儿上学要迟到了。"说完,就起身将碗筷收拾到厨房里,留下安安一个人失落地坐在那里。

就从那之后,安安回家后的话就开始越来越少了。

孩子也有自己的想法和见解,有的时候或许听起来很稚嫩,但是那也是孩子对周边环境的一种认知，如果不能很好地表达出来，家长们就无从了解到孩子的想法。如果家长们都像安安妈妈那样不认真倾听孩子的话，不让孩子把话说完，会伤了孩子的自尊心，让他们产生对抗情绪，久而久之，还会像安安那样选择不吐露内心。

让孩子大声说出自己的想法很重要，如果你的孩子愿意跟你倾诉自己的感受和想法，愿意和你分享在学校里发生的趣事，说明他（她）与你的关系是开放的，把你当成朋友。这个时候，如果你板起面孔，拒绝孩子的倾诉，会让他（她）失去表达的欲望。

想要鼓励孩子大声说出自己的想法，有几句话妈妈们最好不要说。

（1）"大人说话，小孩别插嘴！"

小豆小时候经常会在楼下的小花园里玩，一起玩的还有一个叫金金的小男孩。那天，金金妈妈带着金金到楼下玩儿，我就和金金妈聊起了育儿经验。快言快语的金金妈口若悬河地说了起来，金金几次想要说话都被金金妈给抢了话头。"大人说话，小孩别插嘴！"我看得出金金有很多想法要表达，可是被妈妈的一句话给顶了回去，只能悻悻地离开了。

表达，是孩子展现自己需求和观点的重要方式。堵上孩子的嘴，就是堵住孩子的内心情感，时间久了，孩子内心的堤坝就会决堤。

（2）"你没看见我正在忙吗？"

小豆还上幼儿园的时候，我和她爸去接她。那是小豆爸爸第一次去接她放学，小豆可开心了，忙不停地给他讲幼儿园里发生的事情，芳芳今天哭鼻子了，俊俊今天因为不好好睡午觉被老师批评了，菲菲今天得了朵小红花。但是，她爸正因为工作的事情而有些焦灼。"爸爸你听我说嘛！我明天也要像菲菲那样好好表现，得到老师的小红花……"一边说一边摇着爸爸的胳膊，缠着他。"好好坐在那儿，没看到我正忙着开车呢！"我一听到呵斥声，连忙往前看了一眼，看到小豆撅着小嘴,眼里闪着泪花,我赶紧说:"小豆,爸爸正在开车,你跟妈妈说。"

父母都有工作忙、心情不好的时候,但是不能因此就忽略孩子的表达欲。或许你那会儿真的很忙,完全可以告诉孩子,"宝贝,妈妈这会儿正在工作,给妈妈十五分钟,等妈妈忙完之后,再好好听你说,好不好呀?"等十五分钟,你已经忙完了,再去听孩子聊一聊他(她)的想法。

(3)"不过就是个孩子,有什么发言权!"

著名心理学家皮亚杰认为,成人与孩子最本质的区别,就是孩子的思维与成人的思维存在质的不同。孩子有自己的思维习惯、方式、逻辑,如果成人以自己的思维方法得出结论,以自己的标准来训斥孩子,这是不尊重孩子,扼杀孩子天性的愚蠢做法。孩子也是独立的个人,他们也有发言权。或许他们的想法会很幼稚,但是妈妈们完全可以认真地倾听后,再给孩子提出不同的意见进行讨论呀!

(4)"不准……"

显然,只让孩子听话,却不准他们表达自己的想法绝非一个好的家庭教育方式。在这一点上,苗苗的妈妈就做得很好。她对苗苗从来不会说"不准"二字,相反,她会鼓励孩子说出自己的不同意见。有的时候苗苗或许比较淘气,说出来的想法会比较幼稚甚至是可笑,可是她还是会鼓励孩子说出来。

不同孩子表达能力也不一样。如果孩子比较内向,不爱表达,妈妈们就更加应该鼓励和引导孩子让他们把想法大声说出来,帮助孩子合理地宣泄。当然,在鼓励孩子说出想法的同时,也得注意培养孩子的语言能力和表达能力。

4 亲密的动作能增进感情

人都有一定程度的"皮肤饥饿感"。在妈妈与孩子的众多接触中,唯有亲密的动作最能让孩子产生强烈的幸福感,增进母子之间的感情。

美国著名的心理学家赫洛德·傅斯博士研究发现,拥抱孩子可以让人年轻,并能让家人之间更亲密。常拥抱你的孩子,能提高他们的心理素质,让他们变得更坚强。

当孩子呱呱坠地时,我们每天都将孩子抱在怀里。当他们蹒跚学步时,我们也会在他们跌倒时将他们抱起,鼓励他们继续加油。可是等孩子慢慢长大后,似乎这些亲密的动作就渐渐没有了。很多妈妈都觉得,孩子长大了,就不需要亲密的举动了,尤其是对儿子来说。

其实不然,很自然地抱一抱孩子、摸摸他们的头、碰碰鼻子、拍拍背、搭搭肩膀,这些看似微小的动作却无时无刻不传递着爱的讯息,拉近着妈妈跟孩子的距离。有的时候你会惊奇地发现,即使你的孩子正在调皮、淘气,如果你拍拍他(她)的肩膀,拥抱他(她)一下,他们也会立刻变得非常乖巧。

一个朋友跟我抱怨,女儿跟她不亲近。她平时工作很忙,经常出差,女儿基本都是保姆带大的,她出差回来想和女儿聊聊天,女儿却拉着保姆去玩,而把她关在门外。我告诉她:"这都是因为陪女儿的时间太少了,平时要多抽出点儿时间来陪陪孩子,陪她玩积木、看看童话书、讲讲故事,甚至没大没小地疯一下。即使平时工作忙不在孩子身边,也要时常给孩子打电话,问问她的近况。你经常出差,可以把外面世界发生的趣事讲给孩子听呀。"

很多像这位朋友一样的妈妈们,因为工作繁忙顾不上与孩子亲近,或把孩子托付给保姆,不可否认,有些保姆很有责任心,但是妈妈在孩子成长中所应该给予的亲密感情却不能缺失!

（1）经常给孩子一个拥抱

香港首富李嘉诚在回忆自己所接受的家庭教育时，曾经非常深情地说："最难忘记的是父亲的拥抱。我至今还清楚地记得，稳健而富有涵养的父亲，与我亲密接触时，常常会忍不住紧紧拥抱我，并把我举得很高。父亲时常对我说，我是他的骄傲，有我这样一个儿子是多么自豪。"李嘉诚的父亲把他满腔的爱心化为了一个个动人的细节，将儿子培养成了一个有自信、有主见的人。

父亲宽厚的肩膀是孩子力量的源泉，母亲温柔的怀抱是孩子心灵停泊的港湾。"世上只有妈妈好，有妈的孩子像块宝，投进妈妈的怀抱，幸福享不了。"《世上只有妈妈好》不是这样唱的吗？

我经常会给小豆拥抱。当接她放学的时候，我会张开双臂将她拥入怀中迎接她；当她遇到委屈哭泣的时候，我也会让她在我的怀里尽情流泪，然后告诉她眼泪擦干后就要学会坚强；当她晚上做噩梦，或者感到害怕时，我也会用拥抱来帮她消除恐惧。你可不要小看了这一个小小的拥抱，这可是一种爱的传递。

（2）每天晚睡前和孩子聊15分钟的天

我每天都会坚持在晚睡前跟小豆聊最少15分钟的天，这是这么多年来雷打不动的常规项目。小豆还小的时候，她会缠着我给她讲童话故事，还会让我跟她一起表演童话剧。

孩子爸爸扮演渔夫，我扮演老太婆，小豆扮演金鱼。我们简单地给孩子讲了《渔夫与金鱼的故事》之后，我们的童话剧就开始了。我对小豆爸爸说："快到金鱼那儿去，给我要一台电视机。"小豆爸爸对小豆说："好心的金鱼，快把电视机给我吧，不然狠心的老太婆就会把我赶出家门。"我一次次地提出条件，小豆爸爸一次次地向小豆要各种东西。表演完后，我就问她从这个故事你学到了什么。小豆奶声奶气地对我说，做人不能要太多。

后来，话题越来越广，我们会聊历史、聊文学、聊旅游，小豆也会叽叽喳喳和我分享学校发生的各种各样的事情。我忘掉妈妈的身份，她忘掉孩子的身份，我们将身体和心扉完全敞开。慢慢地，我发现小豆真的会独立思考了，跟我的关系也越来越亲昵了。

（3）做一个小表格，记录陪伴孩子的时间

新时代女性是不容易的，我们既要在家庭里扮演好妻子和妈妈的角色，又要在职场里打拼出一片天地。我们要养家糊口、要交际应酬、要工作加班，于是变得没有时间和孩子亲密接触，没有时间耐心聆听孩子的心事。可是忙绝对不是你敷衍孩子的借口！

通过做一个小小的表格，可以把每周乃至每天你能陪伴孩子的时间都做上记号，然后根据时间的长短来合理地安排活动，这样协调下工作和生活的节奏，把那些不必要的应酬和工作都尽量推掉，这样零碎的时间也可以变成对孩子最温暖的陪伴。

当然细心的妈妈们也可以记录一下，这一周内你和孩子相处了多长时间，每次待在一起的时间有多长。如果太短，可是要好好反省自己了！

良好的亲子关系，比任何教育都重要。只要付出时间，付出爱，多花心思，和孩子的感情就一定会更加亲近的！

5 接受孩子的感受，做个好听众

"倾听"是一门艺术，当孩子对某件事情表达自己的感受时，不要急于劝说他们，更不要急于发表意见，做一个好听众，你才能走进孩子的内心！

"开玩笑！孩子是我生的，我会不了解他（她）吗？"是的，如果你不懂得倾听孩子的心声，你真的会不了解你的"亲生孩子"！

这不，就有一位妈妈不懂自己的"亲生孩子"。有一位年轻的妈妈，为了向朋友们展现她的教子有方，就当着朋友的面，欢喜地将两个苹果递给了年幼的儿子，就等着儿子把其中一个送给自己了，没想到，儿子接过苹果后，看都没看她一眼，就每个苹果咬了一口。看到儿子的举动，朋友们都哈哈大笑，这位妈妈也觉得脸上挂不住了，又伤心又恼怒。正准备大发雷霆地训斥儿子一顿时，只见儿子奶声奶气地说道："妈妈，你吃这个苹果吧，我尝过了，一点儿都不酸。"听完，这位妈妈感动地流下了泪水。

从这位年轻妈妈和儿子的经历，我们不难看出，想要真正地了解孩子，要先学会做个好听众！好多家长向我诉过苦，说孩子怎么怎么不听话，可是，你又真的听孩子的话了吗？

有一次，带着小豆去课外兴趣班，看到一位妈妈正在训斥她的孩子。只见这位妈妈像机枪一样，嘴一直不停歇地斥责着孩子，而小男孩儿的脸则憋得通红，想要说些什么，却始终没办法打断妈妈。我和小豆从他俩身边走过去，刚走过不到 5 米，就听后面传来一声孩子的尖叫。回头一看，只见小男孩大声地朝那位妈妈吼道："妈妈，你能不能先听我把话说完！"说完就大哭起来，留下那位妈妈愣在那里。

"妈妈，你能不能先听我把话说完！"多么简单的一句话，却是多大的讽刺啊！力的作用是相互的，倾听也是这样的，我们想要孩子听我们的话，首先得先听孩子把话说完，做一个好听众。

国际巨星卡罗尔与美联航空的故事不知各位妈妈有没有听说过。卡罗尔在一次巡演时，航空公司空运把他的吉他摔坏了，对热爱音乐的卡罗尔来说，吉他就是他的生命。卡罗尔非常生气，就去找航空公司投诉，可是没有人愿意倾听他的投诉。一怒之下，卡罗尔就把这次的经历写成了一首歌，叫《美联航弄坏了我挚爱的吉他》，结果这首歌的点击量突破了500万，因为这首歌，美联航空的股价几天内跌了10%，损失的钱都足以赔卡罗尔五万多把吉他了。事后，卡罗尔说："其实，我只想美联航能有一个人站出来倾听我的不满，承认他们做错了，对我说一声'对不起'，仅此而已。可是他们没有这样做。"

显然，如果美联航空当时有人愿意倾听卡罗尔，就不会有股市的大跌。这个道理对于妈妈教育孩子也同样适用。有时候，孩子会兴冲冲想跟妈妈分享一些事情，可能只是他（她）突然发现天上的飞机飞过后会留下一条尾巴，地上的蚂蚁在成群结队地搬运食物。这时，如果妈妈们只是忙着做其他的事，要孩子等会儿再说，甚至是发火、责骂孩子，孩子的话还没说完，就被妈妈"无情地"打断了，家长就无从了解孩子的内心，久而久之，亲子之间的沟通就会发生问题，孩子也会对父母产生逆反心理。

美国家庭治疗大师萨提亚说："当孩子确实有错误需要纠正时，充满慈爱的父母通常会采取很坦诚的办法，询问原因，倾听孩子的心声，给予关爱和理解，同时体会孩子的感受。最后，才利用恰当的时机，趁孩子自然地想倾听时才给他们讲道理。"

为了更好地理解孩子，当孩子跟你说话时，最好还是尽量放下手头的工作，先听孩子把故事讲完。孩子在父母的倾听中得到了尊重，对他（她）来说就是莫大的鼓励，他们自然也会更愿意说出自己的想法。

当然，作为一位好妈妈，只是单纯地倾听，还是远远不够的。当你的孩子在说话时，一位好妈妈会先专心地听，等孩子说完之后，再给孩子你的反馈。孩子犯了错误也不要急于纠正，先观察，然后选准突破口，一点点地纠正。

想要孩子能够得到锻炼和成长，妈妈们要肯花时间、有耐性，做个有修养的听众，要用心聆听孩子的心声，用心走进孩子的世界。妈妈们要在倾听中，积极发现孩子的优点，然后对孩子的优点进行发自内心地赞扬。

6 努力让自己成为有趣的妈妈

谁都不喜欢无趣的生活，希望日子过得有点儿"意思"。一个有趣的妈妈，就像一束阳光，照耀着孩子，给他（她）温暖，让他（她）的生活也变得更有意思！

之前在网上看到过一个故事。有三个孩子在树林里玩耍，都不小心被树枝刮破了裤子。面对孩子裤子上的破洞以及惶恐不安的脸，三位母亲用了三种不同的方式处理了这件事情。

第一位母亲抬手就打了孩子一巴掌，然后用一根线像扎麻袋一样把破洞扎紧，整条裤腿都皱巴巴的，破洞没有了，但是那个结却像孩子撅起的小嘴一般。

第二位母亲对孩子不打也不骂，只是默默地将孩子裤子上的破洞一针一线地缝好，孩子的裤子上留下了针线的痕迹。

第三位母亲先是安慰孩子道："哪个小孩不贪玩呢？你奶奶说你爸爸小时候比你还贪玩呢！"说着她把孩子的裤子脱下来，用彩线在破洞上绣了一朵漂亮的小花，就好像裤子上本来就有一朵小花一样，看着这朵小花，孩子露出了开心的笑容。

同样是裤子被划破了一个洞，三位母亲用了三种截然不同的方法解决了，产生的效果自然也是不一样的。第一位母亲让孩子感到失望和恐惧，就好像裤子上那个被扎起的结一样，有一个结也被埋在孩子的心底；第二位母亲云淡风轻，顺其自然；第三位母亲则是一位"有趣"的母亲，她把孩子的错误变成了一朵花，她用宽容让孩子在成长的路上更加自信，也更加具有想象力。

如果是你，你会是哪种母亲呢？我想每个妈妈的奋斗目标都应该是第三位"有趣"的母亲。

小豆刚上小学的时候，老师布置了一篇作文叫《我的妈妈》，当时小豆班里有个女生莞莞是这样写的："我的妈妈是一个不好玩的妈妈。我会唱歌、会跳舞,还会画画、剪纸,老师和小朋友都很喜欢我。可是我的妈妈只会工作,她每天早出晚归,回到家里还拿着一叠纸在算来算去。她不仅不会唱歌跳舞,还瞧不起我的爱好,她说孩子都应该多读书,只有读书才能有出息。可是,我只希望我的妈妈能像别人的妈妈一样陪着我玩儿。为什么别人都有个有趣的妈妈,我的妈妈却这么不好玩呢?"

我想每个妈妈都希望孩子在向别人介绍自己的时候会用"我的妈妈很有趣"来形容自己吧!其实,想要做一个有趣的妈妈并不难。

(1)和孩子一起阅读

大发明家爱迪生没有上过大学,上小学也只有几个月,但他正式登记的发明却有一千三百件之多。他能够成为伟大的发明家,和他的妈妈南希是分不开的。爱迪生曾上过一段时间的小学,因为问老师为什么二加二等于四,惹得老师发怒,南希便把他领回家去自己教。

南希给他讲罗马帝国的盛衰,讲英国的演变,教他念文学名著。以后,又让他读电学家拉法第的著作。南希看到儿子兴趣在物理、化学方面,便买了本《派克科学读本》,这里面讲了许多物理和化学实验,有简要说明和详细插图。爱迪生一看就入了迷,凡能做的实验,都要去做一做,做不成不罢休。后来,他终于成为一名发明家。

阅读是最低成本的陪伴孩子的方法。几乎每周或者每半个月我都会带着小豆去逛书店或者图书馆。她挑一本自己喜欢的书尽情地阅读,我也挑一本我爱看的书,陪着她一起阅读。有的时候,她读到了有趣的地方就会拿来分享给我,而我读到了有趣的人物、情节,也会简单地告诉她故事都发生了什么。

记得我在看《阿甘正传》的时候,小豆看我正看得津津有味,她也好奇地凑过来。我告诉她,阿甘是一个智商只有75的人,却将命运掌握在自己的手中,最终创造了奇迹。听我这么一说,小豆立刻产生了兴趣,于是我就把阿甘如何好好地把握自己，做自己想做的事，并靠执着创造奇迹的故事讲给她听。

（2）和孩子一起游戏

小豆有一天突发奇想地跟我说："妈妈，我们玩个游戏，你当韩梅梅，是个学生。我当高老师，是你的班主任。韩梅梅期中考试没有考好，高老师要给她补习，然后补考一次。"我说："好呀。"于是一部老师给学生补习功课，让学生最终顺利通过期中考试的"年度大戏"就上演了。

在表演中，我一直夸"高老师"是个尽职尽责、十分敬业的老师。同时，我还扮演了"校长"，为"高老师"颁发优秀教师的奖状。"高老师"也作为优秀教师代表在学校开学之际发言。小豆不知道玩得有多开心呢！

鲁迅先生说："游戏是儿童最正当的行为，玩具是儿童的天使。"在孩子的世界里，角色扮演游戏永远玩不腻。通过角色扮演游戏，小豆把平时上课学到的知识重新表达了一遍，对她来说是一次语言表达能力的锻炼，也是一种复习。而在角色扮演游戏中，妈妈的配合，也会拉近与孩子的距离。

（3）和孩子一起去旅行

《爸爸去哪儿》这档节目播出后，我身边带着孩子出去旅游的爸爸妈妈多了起来。同事惠惠妈就经常带女儿惠惠出去旅行。惠惠妈还特别有心地准备了一本旅行剪贴簿，和孩子一起，把旅行中的见闻和体会，用一个大开页的白纸本记录下来，上面贴着旅行的图片和纪念品，再配上文字。惠惠每次都非常认真地做旅行剪贴簿，旅行回来之后就拿到办公室来展示给我们看，一边展示一边讲述旅行中发生的趣事。

这不,前几天刚去了一趟威海鸡鸣岛,在旅行剪贴簿上有一页纸上贴着一张小鱼的照片和一张海豚的照片,上面写道:"海豚,你生活在深海中,我们马上就能见面啦!"原来,当时坐轮渡去岛上的时候,惠惠突然指着海说:"妈妈,你快看,海里有条海豚!"惠惠妈一听乐了说:"乖女儿,海豚可比这些小鱼大多了,而且我们现在是在浅海,海豚一般都生活在深海当中。等下次妈妈带你去看海豚好不好呀?"女儿一听,兴奋地鼓起掌说:"好呀,妈妈,我想去看海豚。"

因为这本旅行剪贴簿,让惠惠的旅行多了很多乐趣。而通过旅行也让妈妈在惠惠的心中种下了"有趣"的印象。

其实做一个有趣的妈妈并不难,有的时候只是一个简单的方法,就能让孩子觉得妙趣横生。

7 帮助孩子养成良好的沟通习惯

当你的孩子不会与人沟通时也就是你的教育失败之时。所以，想要成为一个成功的好妈妈，就得学会帮助孩子养成良好的沟通习惯。

我们评价一个孩子优秀与否，一般不单单是评价这个孩子的学习成绩，还包括和别人沟通交流的能力。所以，现在很多学校，上至大学、下至小学、幼儿园，都增加了面试环节，就是为了考察一个孩子与人沟通的能力。

妈妈们在培养孩子的时候，绝不能忽略的一个方面就是孩子的沟通能力和沟通习惯。

自信是良好沟通能力的基石。骁骁小时候生了一场大病，结果落下了口吃的毛病，为此，骁骁时常感觉很自卑，不喜欢在外人面前说话，连面对爸爸妈妈也很少有畅所欲言的时候。有一次，学校举办诗歌朗诵大会，看着别的孩子都自信满满地在讲台上用心朗诵，只有骁骁自己坐在那里，默默地低着头玩着铅笔，妈妈意识到，这样下去对孩子的成长可是十分不好的。

于是骁骁妈妈就开始有意地为骁骁买了很多表达方面的书籍，因为自己本身在电视台工作，借工作之便，骁骁妈妈经常带骁骁去电视台看主持人叔叔和阿姨主持节目，让孩子从中找到前进的目标。骁骁也很羡慕这些叔叔阿姨，于是很努力地跟他们学习。骁骁妈妈也经常鼓励骁骁，告诉她已经进步很多了，相信她一定可以变得像主持人那样讲话流利。

在妈妈的细心帮助和鼓励下，骁骁与人沟通的能力有了很大的提高。

孩子的沟通表达能力是需要从小培养的。同一个年纪的孩子，有的就伶牙俐齿，有的却内向寡言。其实，这与妈妈从小培养孩子有很大的关系。孩子还小的时候，词汇量比较少，有时候很难将自己的想法完整地表达出来，他们会着急，甚至会难过。这个时候妈妈们就要在孩子表达的时候，及时地给予补充，帮助孩子完整地表达，增强孩子自信的同时，孩子的沟通技巧也得到不断地积累，内心的想法得到理解，孩子也就更愿意积极主动地表达自己的想法了。

除了在孩子词穷的时候给予及时补充之外，有意识地培养孩子的语言功能也很重要。比如说可以带孩子学习诗词、儿歌等趣味性强的东西，或者给孩子讲个小故事，领孩子看完一场电影后，让孩子自己来发表对电影、故事的看法，复述一下故事的梗概。

实践是检验真理的唯一标准，孩子良好沟通习惯的养成自然也离不开实践。妈妈们不要整天把孩子关在家里，可以鼓励孩子多与陌生的小朋友打招呼，和他们一起玩耍。我就偶尔会邀请小豆的一些好朋友到家里来，开个小聚会或者是读书会，让小豆自己当小主人招待自己的小客人们，小朋友们玩得很愉快很融洽，小豆也很享受招待朋友的过程。

我想每位妈妈都希望自己的孩子在与人聊天的时候能够伶俐一些，而不只是将几句话重复来重复去。那么，妈妈们可要当好榜样！一个叫慧芳的小女孩在日记里这样写道：我的妈妈好无聊啊，每天只会说六句话。清晨起床第一句——"快点儿快点儿，要不上学就迟到了"，洗漱完后第二句——"早餐怎么也得吃点儿，要不上午的课顶不住"，出门上学前第三句——"过马路要小心，看着点儿车"，到了校门口第四句——"到了学校你千万要努力"，中午回家第五句——"中午饭一定要多吃点，你正在长身体"，放学回家第六句——"放学回家先写作业，别着急看电视"。

看完这个小朋友的日记，你或许会哈哈一笑，然后想想自己，发现"哎，还真是，我也这样！"各位妈妈们，可以想象一下，如果有个人日复一日地跟你重复着同样的话，你会不会觉得厌烦呢？妈妈们与孩子沟通要"走心"，可以问问孩子在学校里发生的事情，关键是制造一个话题，让孩子来表达、来讲述，这样孩子的沟通能力自然就提高了。

第四章 不生气，不等于纵容孩子

1 打骂只会让问题更严重

教育孩子是每一位妈妈最重要也是最难搞懂的学问，它比任何工作都难！很多妈妈喜欢用"武力"解决一切争议。但是，打骂只会让问题更加严重！

中国有句古话：棍棒底下出孝子。

晓勇妈妈就是这句话的忠实践行者。晓勇是个挺调皮的孩子，晓勇妈又是个非常要强的妈妈，于是，母子二人的战争就从来没停过。只要晓勇做了错事，闯了祸，他的"世界末日"就来了，每次都吓得孩子哇哇大哭，一脸委屈地说再也不敢了。"三天不打，上房揭瓦"也成了晓勇妈妈的"口头禅"。

有一次，我劝晓勇妈妈说："孩子犯错要改正，我们要给他讲道理。单纯的打骂只会让问题更严重。"晓勇妈妈却对此不以为然。

过了几天，晓勇妈妈很着急地告诉我，那天她发现晓勇偷偷在练习本上写"正"字，记录的正是自己被打的次数，说是将来长大后要报仇雪恨。这可把晓勇妈妈吓坏了。

滋生孩子报复心理，只是"棍棒教育"的一个严重后果。

同样的问题，小璟妈妈也遇到了。小璟妈约我在我们常去的咖啡馆见面，一见面，她就哭了。"我要被小璟气死了！前两天，他调皮捣蛋，我一怒之下打了他一巴掌，没想到他抓起手边的小板凳就朝我扔过来，差点儿打到我的头。我当时都惊呆了，后来越想越觉得心凉。我怎么养了这么个白眼狼！"

妈妈们很容易有一个认知误区，那就是孩子是我生的，"他不听话，我打他"这个逻辑天经地义。殊不知妈妈打骂孩子，孩子身体的伤害只是一方面，心灵的受伤才是真正危害孩子成长的杀手，一不小心就会滋生孩子的逆反、厌世或者报复心理。

"棍棒教育"下，孩子跟妈妈的关系很容易僵化。

我第一次在电视里看到陈乔恩，是她主演的一档青春偶像剧，电视剧里的她活泼可爱，非常讨人喜欢。可是谁又知道，这个一直在影视剧中活泼可爱的台湾女孩陈乔恩竟然是被从小打到大的，她曾在多个节目中提到妈妈对自己造成的影响。

"小时候，宁愿在墓地里看墓碑上的亡者故事，也不要回家。因为怕看到妈妈，怕被妈妈呼巴掌。"陈乔恩说，小时候的她曾经被妈妈用枯树枝打到流血，这件事在她内心留下阴影，长大成年之后，她不知道该如何面对妈妈。再加上，工作十分忙碌，根本无法和妈妈长时间相处，久而久之，母女之间也越来越尴尬。

后来，陈妈妈认识到自己的错误，在节目里跟女儿道歉，"我要澄清的一点，是我自己并不知道。做一个妈妈，绝对不会刻意去对一个孩子不好，这是一定的！"陈妈妈承认了"棍棒教育"方式是错的。"乔恩真的很对不起，妈妈不知道这样会伤害你这么深。"但因为陈乔恩已经长大了，她现在也不知道如何弥补，因为怕女儿误会"长大了才对我好"。

"棍棒教育"对孩子自信和信任感的养成也十分不利。我们单位新来的一个小姑娘，27岁，人长得清秀漂亮，身材也属于瘦高型的，可是交往的男朋友没有一个是超过一个月的，就我碰到的，来单位门口接她的"前任"们就不下五个。有一次，聊天中我们问她为什么不找一个长久一点的男朋友结婚，组建一个幸福的家庭。

原来，这个小姑娘生活在一个单亲家庭，爸爸妈妈在她很小的时候就离婚了，她跟着妈妈生活。

"我记忆中的妈妈总是冷冰冰的，只要我做错一点点她就会大发脾气。有的时候，妈妈的一个眼神就会让自己瑟瑟发抖好一阵子，还动不动就动手打我！"她告诉我们，"我讨厌家庭，考大学的时候就想着离家越远越好。上了大学就很少回家了，工作也是找在了离家很远的城市。我不相信这些男生可以给我幸福温馨的家庭。如果不是妈妈，我不会这样自卑、多疑，不相信家庭。"

　　教育学家埃里克森就认为，一个人对社会和他人的信任感源于他（她）在婴儿阶段是否得到父母的关爱。在孩子的整个成长过程中，父母的关爱都是他（她）对于社会和他人信任感的来源。如果一个孩子从小就生活在幸福美满、充满爱和奉献的家庭中，就会感到世界是个安全而可信赖的地方，发展起对他人信任的人格。反之，如果生活在一个充满打骂、争吵的环境里，就会使他们对周围环境产生猜疑，形成不信赖他人的人格。我想，这也是这个小姑娘会有这样的不安全感的原因！

　　打骂孩子所造成的伤害远不止这些。陶行知先生说过："没有爱就没有教育。"打，只会造成孩子种种不良的心态和心理偏差，绝不能获得教育孩子的效果。孩子都会犯错，但是各位妈妈还是要"手下留情"！

2 不发脾气不代表不管孩子

在开始这一小节之前,我想先问各位妈妈们:"你是为了发脾气而养孩子的吗?"答案肯定"不是"!那么,第二个问题"养孩子一定要发脾气吗?"第三个问题"不发脾气就代表不管孩子吗?"

那天,我送小豆去上学,快要到学校门口的时候,就看见一个小女孩背着书包边抹眼泪边一路小跑想要跟上前面的妈妈。而这位妈妈根本顾不上孩子在后面哭泣,只是一味地快速走路,嘴里还不忘大吼道:"你能不能快点儿,早上就让你早点起床,你非要在那里赖着,收拾东西也是磨磨蹭蹭的。我昨天晚上跟没跟你说,妈妈约了班主任上课前十五分钟,跟她聊聊你的学习近况,看现在快要迟到了吧!你说你,怎么一点时间观念都没有!"

这个妈妈的吼声实在太大,吓得小豆一个激灵。原本在后面和同学一起慢慢走的她,赶紧跑过来拉着我的手,想要和我一起走。我赶紧蹲下来,摸摸她的头,安抚她说:"小豆不怕,你慢慢走你的,喜欢和小朋友一起走,就跟小朋友一起走。"但小豆还是没听,死死地拽着我的手。

小豆都已经被这位妈妈吓成这样了,何况是她的女儿!就算这个妈妈真的赶时间,孩子也真的是因为贪玩而耽误了时间,这位妈妈又怎么能对孩子这么大吼大叫呢?

这时候,小豆同桌的妈妈刚送完孩子迎面走过来,对我说:"看见那个女人了吗?昨天放学的时候,我来接孩子就碰见她了,她孩子可能这次期中考试没考好,这位妈妈上来就是一顿吼。当时,就引起了不小的围观。我都怀疑,这女人是不是孩子的亲妈了!"

我就曾经亲眼看到一个朋友这样教育孩子。孩子的一次随堂小测验没有考好,这位朋友就发飙了。小朋友把头埋下去胆怯地抽泣着,什么话都不敢说。

一个六七岁的孩子，心理还没有发育成熟，面对妈妈这样的打骂，他（她）的内心世界是什么样的反应呢？不打不骂就真的不能教育孩子了吗？当然不是！我不支持"棍棒教育"，并不是说要放任孩子不管他（她），而是用更加温和的方式，用适度的惩罚来教育孩子。

我们都知道，想要孩子知错就改，就要改变他们的内心。这就好像风和太阳比赛谁先脱掉一个人的衣服一样，目的都是想要管教好孩子。对着孩子发脾气就好像是呼呼的北风一样，只能让人把内心的衣服裹得更紧。而温和地与孩子沟通就好像和煦的阳光一样，能让人把内心的衣服慢慢脱下，这样起到的教育效果反而更好。

所以，当你想要跟孩子发脾气的时候，想想风和太阳的故事，试着和孩子讲讲道理，进行适度的惩罚，慢慢说服引导孩子会比对孩子发脾气有效得多。

也有的家长，真的对孩子不发脾气，当孩子犯了错误时，他们也不管，只是最大限度地为孩子扫除一切障碍，对孩子只说一句"没关系，下次注意"。这样很容易在孩子的心中留下这样一个印象：犯了错惹了事也没有关系，反正有妈妈出来摆平。欺负了别的小朋友，妈妈替我去道歉；丢了水壶，妈妈立马买新的；哪怕是故意发脾气将挺贵的玩具摔坏，也不会受到太多指责，反而很快又会收到新玩具。

孩子小时候可塑性很强，就像一棵娇嫩的小树，我们如何塑造，他们长大就会变成什么形状。教育犯错的孩子的正确方式是：温和地教育，适度地惩罚。

3 严肃地告诉孩子问题出在哪里

在教育孩子的时候，一定要让孩子知道自己的问题出在什么地方。即使要做出惩罚，也要给他们讲清楚原因。

一只小飞虫飞进了耳朵里，有两种方法可以解决问题，你会选择哪种？

方法一：在耳朵里滴几滴香油，将小飞虫的翅膀黏住，然后把它憋死在耳朵里。

方法二：将耳朵靠近有光的地方，耳朵里的小飞虫看到外面的亮光后，自然会慢慢地顺着亮光爬出来。

很显然，你会选择第二种方法来解决问题。对于孩子的教育更是如此。

犯错误的孩子，就像是不小心飞进耳朵里的小虫，不是不想找到"出路"，而是没有清楚地认识到自己的问题出在哪里。

有一天，我和邻居陈太太母女一起去公园里散步。两个大人在一起聊天，两个孩子就在旁边吃冰激凌。小豆吃东西很快，一整根冰激凌很快就下肚了。陈太太家闺女吃东西比较慢，再加上天气炎热，太阳毒毒地烤着，冰激凌融化得厉害，沾得小姑娘满手都是，小姑娘手边没有纸，就直接撩起裙子擦手了。陈太太一看，"这可是我刚给你买的裙子啊！"一边说一边冲着女儿大骂起来。

小姑娘一看，妈妈在这么多人面前骂自己，马上大哭了起来，小豆也悄悄地躲在了我的身后。小姑娘一直在哭，任凭我和小豆如何哄她都没有停下来的意思。而刚刚大发雷霆的陈太太冷静下来，又觉得有些心疼，便到社区门口的小商店买了一块女儿最爱吃的棒棒糖作为补偿。

我忍不住就问陈太太："刚刚你为什么要责骂你的女儿呢？"

"我刚给她买的裙子,就这么拿起来擦手。你说这个孩子,真不听话!"

"那你刚刚为什么又给她买根棒棒糖呢?是为了表扬她的行为呢,还是为了弥补刚刚自己的责骂?"听后,陈太太有些哑口无言。

各位家长,如果你是陈太太,你会怎么做呢?显然,陈太太的做法很容易让女儿感到迷惑,不知道妈妈为什么要骂自己,更不知道为什么挨骂了之后反而会得到自己最爱的棒棒糖。不知道自己的问题在什么地方,就会像飞进耳朵里的小虫一样,找不到出路。

我们在教育孩子的时候,一定要让孩子知道自己的问题出在什么地方。即使要做出惩罚,也要给他们讲清楚原因,并告诉他们,妈妈为什么这样做。这样一来,他们才能心服口服,才能改正错误。

指出孩子的问题,虽然要严肃,但是不能简单粗暴,而是要有技巧。

(1)在指出孩子错误之前,先调整呼吸,控制住自己的情绪

如果妈妈们在指出孩子的问题时,一副高高在上的态度,甚至是动不动就发火,把一切错误都归结到孩子身上,不仅不会让孩子认识到自己的错误,反而会治标不治本,在孩子心中留下一层隔膜。所以,妈妈们在指出孩子错误之前,要先冷静、淡定,了解清楚事情的前因后果之后,再考虑指出孩子问题的方法。

(2)指出孩子的问题用"我"而不是"你"

比如说孩子在超市里跑来跑去,与其对他说"你这样太调皮了,今天晚上不许你看电视了!"倒不如说"我不喜欢你这样的行为,小孩在超市里乱跑会干扰到别人购物的!"再比如说,孩子把自己的玩具弄丢了,与其说"你怎么又把玩具弄丢了,以后不许你带玩具出去了,再丢一次就不给你买一次玩具!"倒不如说"我希望你能保管好自己的玩具,下次能让它和你一起回家。它被你丢在家外面,会很难过的。"

（3）点到为止，不要唠叨

有些妈妈在指出孩子问题时，喜欢没完没了，时不时地喝问孩子"我的话你听见了没有？"有的时候还会"翻旧账"，指出孩子现在存在的问题也不忘东拉西扯、横牵竖连，说出孩子的种种不是，甚至将孩子说得一无是处，直至忘记这次谈话的主题。结果孩子为了早点结束谈话，就假装顺从妈妈，事实上是对妈妈的话"左耳朵进，右耳朵出"。

家长唠叨太多了，孩子很容易分不清主次，不知道听哪一句才好。在教育心理学上有一种叫"0反应"的现象，也是说的这个。孩子面对家长经常性的唠叨，就会"失聪"。因此，家长在指出孩子的问题时，务必切记要改掉爱唠叨的毛病，凡事点到为止。

（4）讽刺挖苦要不得

各位妈妈要记得指出孩子的问题是为了帮助他们改正错误，不是为了讽刺挖苦他们，伤害他们的自尊心。如果在指出孩子问题时是用讽刺挖苦的语气，会让效果大打折扣，失去说服力。

美国儿童教育家海姆·吉诺特曾说过："惩罚不能阻止不良行为，它只能使罪犯在犯罪时变得更加小心，更加巧妙地掩饰罪行，更有技巧而不被察觉。孩子遭受惩罚时，他（她）会暗下决心以后要小心，而不是要诚实和负责。"但是，当孩子犯错了之后，妈妈们也不能听之任之，而是要严肃地告诉他们问题出在哪里，这样孩子才不会再犯。

4 表达你对他（她）的期望和立场

既然错误已经犯下，孩子也知道问题出在哪里了，就不要揪着不放。告诉孩子你对他（她）的期望和对于这件事你的立场，剩下的就交给他（她）自己来判断吧！

有的时候孩子犯的错误让你很恼火，但是他（她）的诚实又让你很欣慰。这个时候，表达你的想法立场和内心期望是最直接的方法，比劈头盖脸地将孩子骂一顿更有效。

比如说：你一进孩子的房间，发现他把屋子弄得乱七八糟，你的火气一下子就上来了。"看你干的好事，我今天刚收拾的屋子，你就给我弄得乱成猪窝了！今天晚上不许看电视，周末也不许出门了！"然后，愤怒地将孩子的房间打扫干净，留孩子自己一个人在旁边哇哇大哭。

这个时候，孩子并没有承担到自己犯的错误的后果，他（她）会觉得，犯什么样的错误最后都是不许看电视，今天不能看，反正明天也可以看。

这个时候妈妈们不妨试着明确表达自己的期望和立场："妈妈不希望你把房间弄得这么乱。小孩子要学会保持房间的整洁，垃圾要随手扔到垃圾桶里，拿出来的东西也要随手放回原处。现在就跟妈妈一起把房间重新整理干净吧！"或许这个时候，孩子还是不情愿的，但是他们会知道，房间需要的是整洁，弄乱了是需要自己打扫干净的。

对孩子表达完你对他（她）的期望和立场之后，下一步就是以身作则，做孩子的榜样。我的一个朋友对自己的儿子要求特别多，在我们还上学那会儿她就憧憬着以后要把自己的孩子培养成一个绅士/淑女。她从不吝啬向儿子表达自己对他的期望和要求，譬如要随手关门、走路时脚步要轻、进别人房间时要敲门等。她经常自豪地对我说："我要把我们家宝贝培养成一个有修养的绅士，自然要从这些小细节做起。"如果哪次儿子没有做到,她就一定要逼着儿子认错。

但是她却没有以身作则。譬如:她不让儿子大声喧哗,自己却总是说话很大声;她要儿子进别人房间时先敲门,自己进儿子房间时从来不敲门;放东西的时候也没有像要求儿子那样轻拿轻放……

儿子有的时候指出她的问题,她还一脸生气地说:"我教你都是为了你好,不用不服气地挑我身上的毛病。"渐渐地,孩子开始不再那么努力地践行妈妈对自己的"期望"了。

《为什么大人和我们犯错有"双重标准"?》这是一名叫李东阳的小学生写的一篇作文。"哎,我真不明白,我们小孩子犯错了,大人们都会严厉地批评我们,告诉我们要积极改正,下次不要再犯。可是为什么到他们身上标准就不一样了呢?我在家里玩电脑,妈妈下班回来把我狠狠地臭骂了一顿,还让我写了八百字的保证书。可是为什么爸爸每天用电脑打游戏,打到凌晨一两点,妈妈从来不骂他?"

我也曾经听到很多孩子委屈地说:"为什么我们孩子和你们大人的'犯错标准'不一样?"面对这样的质疑,也有些家长会回答说:"你们还小,有什么本钱犯错?我们吃的盐比你吃的米都多,完全有本钱犯错。"就是这样"理直气壮"的观点,让很多孩子感到家庭是个不太讲"理"的地方。

5 给孩子选择弥补错误的机会

在一场足球比赛中,球员都有两次犯错的机会,一次黄牌警告,第二次才被逐离场。生活中,孩子也应该有犯错误,并选择弥补犯错的机会。

之前看过一个故事,一个大家庭里有三个孩子。一天,妈妈发现自己丢了 50 元钱,就把三个孩子叫到面前,问:"妈妈的 50 元钱谁看到了呢?"三个孩子都摇摇头。这位妈妈并没有立刻发脾气,而是温柔地说道:"妈妈相信,拿这 50 元钱的孩子一定是一时糊涂,或者是有什么难言之隐。现在他一定特别后悔,很想把钱还回来,妈妈现在给他一个机会。"三个孩子默默低下头,妈妈接着说道:"如果你错过了这个机会,被妈妈知道了,后果可是非常严重的!"

"我们做一个寻宝游戏,妈妈在你们的房间里放了三个信封,你们回各自房间找到信封,十分钟后,把你最想送给妈妈的东西放到里面交给妈妈好不好?妈妈相信,丢失的钱一定会自己回来的!"

十分钟后,三个孩子把信封交还给妈妈。那 50 元钱果然在三个信封里。

是孩子都会犯错,但是面对犯错的孩子,你会如何表现呢?

(1)"我孩子不会犯错"

每次去小豆学校,在小豆老师的办公室里,总会遇到一些这样的妈妈:孩子犯了错,老师把妈妈叫到学校。妈妈就开始跟老师反复强调自己的孩子在家里是如何如何乖巧,今天这个错误肯定是别的小朋友先挑起来的。说白了,就是我孩子不会犯错,或者是错误根本不在我孩子身上。

我们常说的"护犊子"就是这样,孩子犯了错,包庇纵容孩子犯错的妈妈不在少数。这一类妈妈还有一个共同特点那就是把"没关系,下次注意"挂在嘴边。孩子在外面调皮捣蛋,面对老师、对方的指责,妈妈们表面象征性地批评孩子两句,然后掏钱给人家赔礼道歉,回头又跟孩子说:"宝贝,没关系,下次注意就行。"殊不知,这句口头禅在孩子的世界里,就被理解成了"下次再犯错也没关系"。

刚开始,孩子或许还会有些不好意思,害怕再被妈妈批评。慢慢地他们就会发现,这其实也没什么大不了的,于是就会更加肆无忌惮。

在这一方面,有一位美国父亲做得就很好。

1920年,一个十一岁的美国男孩在踢足球的时候,不小心砸碎了邻居家的玻璃,人家索赔12.5美元。要知道在当时12.5美元可不是一笔小数目,可以买125只下蛋的母鸡。闯了大祸的男孩回家向父亲认错后,父亲让他对自己的过失负责。

"可我没钱赔人家。"这个男孩面露难色。

"这样吧,我先借你12.5美元,一年后你再还给我。"这位父亲说。

从此,这位男孩便开始了艰辛的打工生活。经过半年的努力,他终于挣足了12.5美元,偿还了"债务"。这位男孩就是后来的美国总统里根。

(2)"再犯错就打你"

与前面所说的"温柔"妈妈形成鲜明对比的就是"再犯错就打你"妈妈。这类妈妈眼睛里揉不得一点沙子,最希望孩子完美的就像一块"和氏璧"一般。

"不要跟我解释!"

"为什么总有那么多借口!"

"你别想再……"

……

孩子犯错误时,这一类妈妈很容易顺口就说出这样的话。这种不经意的话很容易伤了孩子的自尊,使孩子变得不自信,甚至开始逃避家人。

(3)"犯了错就要学会弥补"

小孩子洗澡都不太老实,喜欢在浴缸里玩,等他们洗完澡后,浴室整个都变成"游泳池"了。有的妈妈会一直不厌其烦地对孩子说:"不要把水漫出来！"然后，自己默默地把浴室收拾干净。有的妈妈会大发雷霆，把孩子训骂一顿，在孩子的哭声中把浴室收拾干净。允允的妈妈却不是这样。

每次允允洗完澡，妈妈就会给允允一把小拖把，先是教她怎么使用，然后就让她负责把浴室的地板擦拭干净。没想到，一开始允允还跟以前一样每次洗完澡都把浴室弄得很脏。后来慢慢地，她就开始注意洗澡时要小心翼翼，不让水漫出来了。

心理学家赛奇斯说："当孩子犯错了，你应该带着孩子从过失的痛苦中走出来，不要盯着孩子的过失不放，应该去赞赏孩子尝试改正的努力和勇气。"孩子犯了错误，家长应该教会孩子如何弥补错误。孩子都有顽皮的时候，或是洗澡的时候将浴缸里的水溅得四处都是，或是顽皮地将水杯打破。面对孩子的犯错，妈妈们首先要收住自己的脾气，简单粗暴的训斥是不能够解决问题的。要和孩子一起想弥补的方法，孩子才能在错误中学到有价值的东西，譬如说：勇于承担责任。

后来有一次，允允和几个小朋友在小区的一片空地上踢球，没想到，允允一脚把球踢到一楼一户人家的玻璃上了。其他小朋友一看这情形，吓得都跑掉了。允允却跑到这户人家家里，勇敢地承认了错误，还把自己平时攒的零花钱拿出来赔给这户人家。这户人家的大人们看允允诚实懂事，不仅没有责怪他，还一直夸赞这个小家伙家教好。

印度诗人泰戈尔曾经说过："如果把所有的错误都关在门外的话，真理也要被关在门外了。"人都是在不断地犯错之后才学会成长的。家长要允许孩子犯错，并给孩子选择弥补犯错的机会，这些错误才会转变成孩子成长的基石。

6 尽可能地提供选择给他（她）

孩子需要被尊重，即使是犯了错误。妈妈们要尽可能提供合理的，而且我们能接受的选择给他（她），而不是强迫他们做我们认为对的事情。

"不准哭！"

"说不行就不行！"

"照我说的去做，没有为什么！"

"不准看电视！"

"你今天必须要喝牛奶！"

……

这些命令性的话语，你跟孩子说过吗？

对于士兵来说，接受命令是义务，但对孩子来说就是被操纵、被控制，是对孩子的不尊重。试想一下，当你听到一连串以"不准"开头的话时，你是不是也会觉得被限制、被压制，感到恼火、无奈呢？

天天妈妈的领导就是一个控制欲极强的女人。在天天妈妈的眼里，这位领导每天除了训斥就是命令，这让天天妈妈倍感压力。在单位饱受折磨的她，回到家，对待女儿倒是格外严格，每天都是用命令的口吻跟女儿说话，原本乖巧的天天，现在越来越叛逆了。后来，在一次聊天中，我问天天妈妈："你每天埋怨自己的领导命令你，控制欲强，现在你对天天又何尝不是像那位领导一样呢？"听了我的话，天天妈妈沉默了！

妈妈和孩子不是上下级关系，需要的是自由和沟通而不是命令和威胁。

给孩子选择的自由，是妈妈教育孩子的必备"小心机"。相比于命令的口吻，孩子会更倾向于自由的选择，即使这个选择其实是妈妈精心"策划"的，孩子也会觉得一切都是自主的。

小豆虽然还小，却也是个爱美的小姑娘了，她一直很喜欢公主蓬蓬裙，而且早就有心仪的款式了。有一天早上，小豆奶奶给小豆做了豆浆，可是小豆不想喝豆浆，就吵吵着想吃巧克力，我们没给她拿，她就开始耍赖了。我就问她："你要选择吃巧克力还是买公主蓬蓬裙？"小豆一听马上听话地将豆浆喝掉，然后让我带她一起去买了蓬蓬裙。

在我和小豆的相处模式里，有很多"选择题"。小豆要赖床，我会问她"是现在起床还是再过五分钟起床呢？"天气凉了，想让小豆加一条裤子，我会问她"是要这条蓝色的裤子还是粉红色的裤子？"小豆坚持想要看动画片，我会问她"是看15分钟还是不看？"小豆不喜欢喝豆浆、牛奶，我会问她"是喝一杯还是喝半杯？"等。

用选择法首先就把孩子不愿做某事的念头给排除了，再把选项控制在我们能接受的范围内。这样的小心机，就可以让孩子既有了自主权，又心甘情愿地遵从我们的意愿，一举两得。

当然，选项有的时候并不是那么容易设置。聪明的妈妈依然有方法让孩子感受到自主选择的权利。

比如说这位妈妈。晓刚是个很顽皮的孩子，有一次和高年级的同学打架，自己受了伤，跑回来扑在妈妈怀里大哭起来。

"委屈吗？"妈妈问。

"嗯，委屈！"儿子委屈地回答道。

"那怎么办呢？需要妈妈为你做些什么吗？"

"妈妈，你给我准备块砖头吧，我明天从背后砸他！"

这位妈妈听后并没有气愤，而是平静地说："好，这个解气，妈妈这就去准备！"

说着，妈妈去了楼下，拿了块砖头进来，并去房间里拿了一堆衣服和棉被。

"妈妈，你这是干什么呀？为什么要搬衣服、棉被？"

"儿子，是这样的，如果你用砖头砸他，警察就会把我们带到监狱去，我得多带点衣服和被子。你放心，妈妈支持你！怎么样儿子，今晚好好休息，我们明天就出发！"

"要这样吗？"

儿子一脸错愕地看着妈妈。"对呀，法律就是这么规定的，打人是犯法的，要被警察抓起来！"

"妈妈，要不我们不去了吧！"

"孩子你不委屈、愤怒吗？"

"妈妈，我不委屈了，我今天也有错，不应该和同学打架。"

"好，妈妈支持你！"

就这样，机智的妈妈让孩子学会了选择。

这位妈妈，一定是一位数学高手，才把反证法用得这么炉火纯青。表面上，她是顺从了孩子，其实，一直在引导孩子做出正确的选择。

尽可能地提供选择给孩子，先把孩子不想做某件事的想法淡化，而且让他们不会觉得家长在逼迫他们做这件事，更重要的是家长信任他们，还给他们选择的权利，这样，他们当然愿意做，而且还做得心甘情愿。

当然，也不是每个孩子都会配合地做出选择。如果孩子们不配合，不愿意做出选择，那么，妈妈们就可以问孩子"我也可以帮你选，那么现在是你自己选还是我帮你选呢？"如果孩子还是不愿意选择，那妈妈们就直接告诉他们"你的意思就是我帮你选喽。"几次之后，孩子就会知道妈妈没有在跟他们开玩笑，自己选择也比不选好一些，下次就会自己选了。

鼓励孩子采取行动

犯错也好，改错也罢，我们都要鼓励孩子去行动、去经历，这样他们才能不断成熟起来。

之前听过这样一个故事：A和B一起去参加驾校培训，A在平时的练习中表现得极好，从来不会出错，教练和他自己都非常有信心能够顺利通过考试；而B在练习中表现得差强人意，不是这里出点问题，就是那里出点问题。不过B十分虚心，常常向教练请教，B在曾经犯了错的地方小心翼翼，知道为什么会犯错，应该如何去修正。教练也对B表达了自己的期望，相信他一定能够通过考试。

结果，A在考试那天出现了失误，这个失误他之前没遇到过，不知道怎么处理，最终没有及格。而B也出现了和平时一样的小问题，但是他很有经验，知道应该如何应对这些小问题，最终顺利地通过了考试。

还有这样一则故事：一位在外留学的女博士，去她的导师家做客。她看见导师家不满3岁的孩子正在将一把钥匙笨拙地插进锁中，孩子想要打开卧室的门，可是由于身高和协调性都不够，怎么也打不开。于是，这位女博士连忙走过去想帮助他一下，却被导师阻止了。

"不要去打扰他，让他自己先犯些'错误'吧，琢磨一会儿总能把门打开的，这样他就再也不会忘记怎样开门了！"果然，孩子折腾了很长时间后，终于将门打开了。

"人非圣贤，孰能无过。"这个道理很多妈妈都懂，可就是在孩子身上时他们的眼里开始容不得半点沙子了。孩子在不断长大，有些事情光说教是不够的，有些错误需要他们自己去经历，有些方法需要他们自己去摸索，那些成长中的酸甜苦辣，只有亲身经历之后才会深刻。哪怕是故意让他们摔一跤也好，这样他们就能知道摔跤原来是疼的了！

妈妈们要鼓励孩子去经历错误，还要鼓励孩子采取行动去承认错误。

列宁和姑妈的花瓶的故事想必大家都听过。有一次母亲带着列宁到姑妈家中做客，小列宁把姑妈家的一只花瓶打碎了。当姑妈问孩子们"是谁打碎了花瓶"时，小列宁因为害怕受姑妈批评，便跟着其他孩子一起说："不是我！"

列宁的母亲猜到花瓶是淘气的小列宁打碎的，但是，小列宁向来是主动承认错误的，从未撒过谎，她装出相信儿子的样子，一直没有提起这件事，而是给儿子讲诚实守信的美德故事，等待着儿子能主动承认。

有一天，小列宁突然在妈妈讲故事时失声大哭起来，痛苦地告诉妈妈："我欺骗了姑妈，我说不是我打碎了花瓶，其实是我干的。"听着孩子羞愧难受的述说，妈妈耐心地安慰他，告诉他只要向姑妈写信承认错误，姑妈就会原谅他。于是，小列宁马上起床，在妈妈的帮助下，向姑妈写信承认了错误。

从此以后，列宁没有再说谎，长大以后，他也通过诚信这可贵的品质获得了人民的支持。在家庭教育中，让孩子学会道歉是一门必不可少的功课，他们学会承认错误，也就是他们学会明辨是非的开始。

不过，如果孩子在生活中接触到了太多"被追究"的情况，为了不被训斥，他们总是会互相推卸责任，甚至是靠撒谎来推卸责任。有的时候，特别是在很多人面前时，家长们也没有必要对谁犯了错那么较真，关键是孩子们犯了错之后懂得去补救，要鼓励他们采取行动改正错误。

之前带小豆去参加一个亲子活动，在活动开始之前，我们几位妈妈聚在一起聊着天，孩子们则在一旁玩耍着。在场地的中间有一个木块拼成的"埃菲尔铁塔"，一会儿，有个小孩儿跑过来跟妈妈说："妈妈、妈妈，有人把场地中间的'埃菲尔铁塔'推倒了。"闻讯，几位妈妈都聚到了"埃菲尔铁塔"前面。

"是谁推倒的？"有个家长厉声说道。

"不知道！""不是我弄的。""和我没关系。"孩子们你一句我一句地互相推卸着责任。

只见，孩子们争吵的声音越来越大，我先让孩子们安静下来，然后说："我不关心'埃菲尔铁塔'究竟是谁推倒的，我想问你们谁能把它复原呢？"

孩子们听我这样说，纷纷举起小手，高兴地说"我能""我能""我能"。

于是，我接着说："好，那大家一起吧！"很快，倒了的'埃菲尔铁塔'又重新矗立起来。

爱因斯坦曾经说过："一个人在科学探索的道路上，走过弯路，犯过错误，并不是坏事，更不是什么耻辱，要在实践中勇于承认和改正错误。"天才也会犯错，也需要在不断的错误和改正中寻求科学，更何况是孩子呢？

8 为避免下次犯错，立下约定

与父母强加于他们身上的命令相比，孩子会比较乐于遵守自己参与讨论而形成的规则和纪律。所以，想要防止孩子下次犯错，可以和孩子立下约定。

之前在网上看了一个帖子，是一个商场保安写下的，那一年，他在商场里做保安队长。去大厦里巡逻到了三楼文具柜时，营业员偷偷把他叫到一边："你留意下那两个男孩。"顺着营业员指的方向，这位保安队长看到两个男孩，正偷偷把钢笔和几块橡皮放进衣服口袋。当他们走过结账柜台到外面时，这位保安队长跟上前，扭住了两个男孩的胳膊。

两个男孩一看到他穿着保安服，没挣扎，这位保安队长也没有大声嚷嚷，而是把他们带到保安室。他并没有报警，而是让两个男孩写下了保证书，"我在××大厦偷了两支钢笔和橡皮，我做错了。今后听叔叔的话，要好好学习。"他们还约定，每隔半个月，两个孩子要去向这位保安队长汇报学习情况、在校表现等。

就是这样，保安队长没有向任何人透露过这个秘密。两个孩子也信守约定，努力学习，考上了大学，如今已成家立业。

就这样的一个约定，让两个原本游走在犯错边缘上的孩子迷途知返，之后，再也没有做出偷窃的事情，还通过努力学习考上了大学。这就是"约定"的力量。

"拉钩儿上吊，一百年不许变。"我们经常看到小孩子们会一起玩这个游戏，他们伸出小拇指，彼此郑重许诺。我们的上一辈人，甚至上上一辈人，小时候估计都曾玩过这个有趣的游戏。"约定"对孩子来说有着不同寻常的意义。

一个孩子犯了错误，他的妈妈气急败坏地对他说："好，你现在答应我，你再也不敢这样了！"孩子在妈妈的"威胁"下，被迫答应了。

可是很快，老毛病就又犯了，妈妈感觉自己被骗了，更加生气。

孩子的自我控制能力一般比较差，妈妈如果将命令强加在他们身上，孩子会因为叛逆心理很难遵守。但是如果是跟妈妈的约定，就会比较容易被孩子接受。在亲子生活中，妈妈可以跟犯了错的孩子来个"约定"，站在孩子的角度思考问题，凡事与孩子商讨，和孩子一起制订规则，和孩子一起遵守规则。

一天，孩子放学后在客厅里玩篮球，忽然"咚"的一声，篮球打落了书架上的花瓶，花瓶重重地摔在了地板上，瓶口摔掉了一大块。这可是爸爸最心爱的古董花瓶，这一下孩子可慌了，马上哭了起来。妈妈闻声到了客厅，发现碎了的花瓶，就问："花瓶怎么会碎一块？"

"我刚刚在屋里玩篮球了！"

"妈妈之前怎么教你来着？"

"妈妈说，在屋里只能摸摸篮球，但是不能玩，要玩的话得到楼下篮球场。妈妈，我错了，我再也不在屋里玩篮球了。"

"好呀！那我们约定，如果下次你还在屋里玩篮球怎么办？"

"妈妈，你就让我去外面玩，或者是没收篮球，一整天都不准玩篮球了！"

"约定"这种方式，是跟孩子的一种商量，是在征询孩子的意见后，和孩子一起制订规则并共同遵守，而不是大人单方面地命令孩子怎样做。这样孩子就比较乐意接受，也比较有利于以后的执行。

小豆以前有赖床的毛病，每天起床都得在床上磨蹭半天。小豆早上最爱吃我给她做的火腿三明治，我就和她约定："你必须要早上按时起床，才可以吃火腿三明治，否则我就会认为你自动放弃吃火腿三明治的机会，你到时候可别哭着喊着要吃哦！"有一次，小豆又起晚了，超过了我们约定的时间，等她来吃火腿三明治的时候，我已经把早餐收起来了。

"真遗憾，我也很想把火腿三明治留给你，可是我们之前有约定的，不能破坏它。现在你只能吃普通的面包和牛奶了。"小豆眼巴巴地看着火腿三明治被端走，只能默默地吃着面包和牛奶。

说到底，"约定"只是一种形式、一个过程，最终目的还是要让孩子不要在同一个坑里跌倒两次。妈妈们要善用"约定"，与孩子建立有效的约定，并使约定起到恰如其分的作用，这样才能"约束"得住孩子。

约定必须取得孩子的同意才会起作用，勉强同意和被迫同意都不是约定，那只是城下之盟，是可以不遵守的。约定如果是打着商量的旗号纯粹贯彻自己的意志，那会很快被孩子识破，没啥作用。所以商量时还是要多考虑和顺乎孩子的一些意愿，让孩子感受到自己的意见确实是被尊重的，比较民主，这样他（她）才会喜欢商量的形式和约定的方式。

另外，要让孩子认识到这个约定的严肃性，最好落实到书面上，而不是口头说说。可以试着认真地跟孩子签订一份"约定书"，这份"约定书"上要有具体的约定内容、约定要求以及奖罚措施，然后妈妈和孩子都签上大名，还可以请孩子的爸爸、奶奶等做个见证人。通过这种认真的书面"签约"，孩子就能感受到"约定"的严肃性，不是儿戏，来不得半点的马虎。

第五章 孩子学不学，其实全看你

1 你是乐于阅读和学习的妈妈吗？

我们常常抱怨孩子不爱学习，整天偷懒，可是你有没有想过，自己是一个爱阅读和爱学习的妈妈吗？

一位朋友一脸忧伤地向我抱怨："我们家孩子根本不是块读书的料。你看你家小豆整天闲着没事儿就抱本书在那儿看。我们家儿子，只要我给他买书了，他就给撕了！"

抱怨孩子不爱读书，却羡慕别人家孩子爱读书的妈妈其实不在少数。但是抱怨之前，请先扪心自问，你自己爱读书吗？如果一个妈妈整天在孩子面前手机电脑电视不离身，下班之后不是打麻将，就是和邻里家长里短，从来不在孩子面前读一点书，孩子怎么会亲近书本呢？

之前跟小豆的班主任聊天，班主任老师聊起了她以前教过的一个学生。这个孩子非常调皮捣蛋，不管老师怎么苦口婆心地劝他努力学习，他都一副满不在乎的样子。有一天，老师家访，才发现原来是家里没有一个好的学习氛围惹的祸。孩子的妈妈下班回家后经常不是请同事到家里来打牌，就是招邻居来屋里闲聊天。老师去的时候，孩子妈妈正和一帮朋友打麻将。试想在这样的环境下，看到这样的妈妈，孩子怎能安心读书呢？

看到老师来了，这个妈妈赶紧把家里的"局"给解散了，很热情地跟老师聊起天来。当聊到给孩子营造一个好的学习氛围的时候，这位妈妈一脸无辜地说道："我和孩子他爸每天上班那么累，也就是找朋友打打麻将、聊聊天，休闲一下。孩子从小到大，我没少给他买书。孩子自己没出息，不好好学习，整天就知道看电视、打游戏。"

孩子爱读书与否，不是取决于你给他（她）买了多少书，而是你在他（她）面前读了多少书！家长在他（她）面前打麻将、聊天、看电视，孩子也会觉得学习、看书并没有那么重要。

小豆还小的时候，我和她爸爸就在家里特别给小豆开辟了一个读书角，经常陪小豆在那儿读书。一有空我就会带着小豆去图书馆，一待就是一下午，两个人都会因看书忘了时间。还有一次，在从图书馆回家的路上，我问小豆："小豆，你喜欢看书吗？"小豆稚气地跟我说："喜欢！因为妈妈喜欢，我也喜欢！"

鲁迅说过，读书人家的子弟熟悉笔墨，木匠的孩子会玩斧凿，兵家儿早识刀枪。足见，父母对孩子学习的影响！我们常说，书香门第、音乐世家……正是父母的榜样作用，让孩子有了学习的动力。试想一下，每天接触的都是笔墨纸砚的熏陶，也不由得孩子不好好学习吧！

或许你会说，我们家不是文化"世家"，甚至我和孩子爸爸文化水平其实都不高，那我是不是教不好孩子呢？当然不是！

确实，从某种程度上来说，父母文化程度高是可以给孩子的学习带来帮助的，但是很多文化程度低的父母也照样可以养育高学历的孩子，只要你给孩子起到榜样作用！

小豆班上有个女同学玉飞作文写得特别好。有次开家长会，老师让玉飞给大家做经验分享。

原来，玉飞平时非常喜欢看书，而她的爱读书的好习惯都是从妈妈那儿"遗传"的。玉飞妈妈是个非常爱读书的人，经常带着玉飞去图书馆，母女俩就各自看自己感兴趣的书籍。一开始，玉飞只喜欢看漫画书，图多字少，颜色也比较鲜艳。后来，看妈妈正在专心致志地看着一本厚书，就跑过来问妈妈在看什么。

原来，妈妈看的是《飘》，讲的是美国内战前后一个种植园主的女儿在乱世中飘零的故事。虽然有些情节当时还不是很理解，但听妈妈讲过之后，玉飞也开始饶有兴致地读了起来。

因为妈妈的关系，她接触到了很多国内外的名著，现在她不仅爱读书，而且还可以在书中学到不少新知识。玉飞妈妈教她，边看书边用笔勾画着文中的好词佳句，在精彩的地方写下自己的感受。慢慢地，玉飞发现自己的作文写起来越来越容易了，就有种妈妈说的"下笔如有神"的感觉。

后来，跟玉飞妈妈接触才发现，她小时候因为家里发生了事故，上完高中就辍学了。但是为了让玉飞有个好的学习榜样，她经常带着玉飞去图书馆，也经常跟玉飞一起学习。

俗话说，身教重于言教，如果孩子平时都不曾见过妈妈读书学习的身影，孩子自己也会想"妈妈都不爱读书，我读干什么？"相反，如果妈妈是个酷爱学习的人，孩子经常看到妈妈在认真地阅读，那孩子自然也会主动向妈妈学习，以妈妈为榜样。

美国总统小布什的母亲非常注重亲子阅读。她说："我总是尽可能多地与孩子们一起读书，有时，我也让他们读给我听。我的孩子直到很大后，还保持着与我共同读书的习惯。当他们放假或有空闲的时候，我们就会轮流地读一本名著，有时还会就精彩的部分进行讨论。"

父母是孩子第一位也是最好的老师，父母的一言一行对孩子的影响是很大的。

所以各位妈妈要做孩子爱学习的表率。工作之余也不忘读书学习，不断充实自己，为孩子树立一个热爱学习的好榜样，无形中向孩子传达一个信息：学习是一件很重要的事情。潜移默化下，孩子会不知不觉地爱上读书和学习，激发起对读书的热情。

孩子的学习行为很大程度上取决于父母自身的行为。平时我们应该多陪孩子读书，还可以一起交流下学习心得，调动孩子的学习积极性。

不要再抱怨孩子不喜欢读书，要先看看自己是不是也不读书！

2 把学习变成一件快乐的事

很多妈妈常把"学海无涯苦作舟"挂在嘴边,不错,这固然是在鼓励奋斗的精神,但学习并不一定非要"苦",学习也可以成为一件快乐的事情。快乐可以让孩子的学习变得更好,关键看家长怎么做!

经常会听到家长抱怨:我的孩子就是不爱学习,不是学习那块料。也经常会听到孩子抱怨:我也想好好学习,可是学习对我来说实在太痛苦了……

孩子学习真的是痛苦的吗?答案当然是否定的。之前看过一项研究,发现真正的学习是快乐的。一方面当孩子学会了某些知识技能时,会很自然地产生成就感;另一方面,学习这个过程会让大脑的"快乐中枢"受到刺激而产生满足感,特别是当孩子认为自己学到的知识很有意义的时候,大脑就会产生一种让人感到愉快的活性物质,刺激中枢神经产生快感。

让孩子爱上学习,把学习当成一种快乐,就要让孩子把获得新知识当成一种需要。因此,妈妈在教育、引导孩子的方法上就需要有一定的技巧,不要让孩子感到厌烦,要时刻让孩子感到不满足,从而激发他(她)的学习欲望。

(1)让娱乐融入孩子的学习中

玩,是孩子的天性。孩子最喜欢的就是游戏了,所以,妈妈们在教育孩子的时候,可以把知识的学习融入游戏当中。曹磊今年以优异的成绩考上了一所重点大学,据他回忆,他小时候特别不爱学习,是个非常调皮捣蛋的孩子。还好他有一个聪明的妈妈,让他成为班上的"突飞猛进者"。

原来,那个时候的曹磊像很多男孩子一样,非常喜欢玩游戏,也不爱上学。而且,他偏科特别严重,数学成绩非常好,但是语文成绩很差,而且他就是不爱学语文。有一天,曹磊妈妈看报纸时,指着一处错误说:"这么简单的问题都会犯错误。"这一句话一下引起了曹磊的兴趣,曹磊立刻跑到妈妈身边，很感兴趣地问道："妈妈，哪儿呢？我看看。"聪明的妈妈灵机一动，抓住了孩子的好奇心，告诉他："这篇报道里有两处错误，我们来玩一个找错误的游戏吧！相信凭我聪明儿子的水平一定能找出来。"就这样，曹磊读完了那篇文章，并指出了一处错误。

后来，曹磊妈妈就经常拿着给曹磊买的课外读物对他说："儿子，你读读这本书，看看它有没有错别字，或者写得不够好的地方？"曹磊总会认认真真地把文章读完。再后来，曹磊还会主动拿一篇文章过来跟妈妈探讨。渐渐地，曹磊的阅读量增加了，语文成绩也提高了不少。

让孩子爱上学习并不是很困难的事，关键要看妈妈怎样去引导。爱玩是每个孩子的天性，妈妈可以巧妙地利用这一点，将"游戏"导入孩子的学习，去激发孩子学习的兴趣。家长在设计游戏的时候，要注意考虑孩子的年龄特点和喜欢程度，家长自己也要成为一名游戏的参与者，适当地给予孩子一些帮助，一方面可以用自己积极的态度感染孩子，另一方面还能增进与孩子之间的感情。

（2）让兴趣主导孩子的学习

毫无疑问，学习兴趣是学习动机中最现实和最活跃的成分，它能让学习变得积极、自觉、主动、愉快。而积极、自觉、主动、愉快的情绪，又能提高孩子的感知、记忆、思维等具体认知过程的活动能力。孩子对某一项学习的内容有了浓厚的学习兴趣，求知欲自然也就强了，学习就有了巨大的动力。如果学习还没开始，孩子就觉得它很枯燥无味，学起来缺少了热情，学习效果就很难好起来。

我认识一个小男孩，十几岁开始跟着老师学习围棋。他时时刻刻都在研究围棋，最终走上了职业棋手的道路。有一次我问他，从小就这样研究围棋，会不会觉得辛苦、无聊呢？没想到，他给我的回答却是："不会啊，我觉得围棋很好玩，一点也不苦，也不会无聊，相反每次下围棋我都很快乐！"

据这个小男孩的爸爸说，孩子因为对围棋感兴趣，刚一接触就一门心思地学起来了。过两天他就要代表他们那个区去参加市里的比赛了，而且还是种子选手！

你看，只要孩子对某一件事情有兴趣，即使家长觉得苦觉得累，他们也会当成是一种快乐。因为做自己感兴趣的事情可以给他们的精神上带来满满的正能量，而这种正能量正是他们快乐和努力的源泉。

（3）换一种方式让孩子的兴趣持久保鲜

兴趣是最大最持久的动力，不过孩子的兴趣也有一个共同特点，那就是保鲜期比较短。想让孩子对学习的兴趣持久保鲜，家长们也是需要花一些心思的。

朵朵的妈妈为了让朵朵有学习的乐趣，就经常给孩子看一些图片来扩大她的知识面。一次，妈妈给朵朵看水果和蔬菜的图片，她一连给小朵朵看了10张，"这个水果是火龙果"、"这个蔬菜是茴香"……边看边解释这些水果和蔬菜的营养、吃法等，小朵朵听得津津有味，还提了好多的问题。

不知不觉，小朵朵都快学习一个小时了，这时，妈妈把话题一转，对小朵朵说："你现在已经认识了10种水果蔬菜，我们一起去超市看看能不能找到这些水果和蔬菜吧！"小朵朵一听，立马来了兴致，大喊着："好呀好呀！"以往逛超市，朵朵最先去的一定是零食和冰激凌区，这次她拉着妈妈直接就去了果蔬区。"妈妈那是火龙果""那是茴香""百香果在那里"……

当然，逛超市不是朵朵妈妈的目的，朵朵妈妈知道朵朵很难把注意力长时间地集中在一件事上，如果她对这些图片看到厌烦不想再看时，就会大大削弱她的学习兴趣，反过来也会影响学习效果。

乐而后学，只有孩子把学习当成是一件快乐的事情，才能不断取得更多的成绩！

3 孩子也需要"心灵鸡汤"

孩子健康成长不仅需要妈妈亲手煲的鸡汤，也需要"心灵鸡汤"。

学习实际上是人的一种本能，学会新东西可以让人感觉良好。但是想要让孩子有学习的兴趣和动力，家长也需要给孩子一些"学习激励"。德国教育家第斯多杰说："教学艺术不在于传授本领，而在于激励、唤醒和鼓舞。"想要激励、唤醒和鼓舞孩子去学习，就需要一些"心灵鸡汤"来润泽孩子的心灵。

（1）适当降低对孩子的期望

努力学习是每个孩子都能做到的事情，但"第一"只有一个。小豆上一年级时他们班的学习委员一直成绩都很优秀，后来升到二年级的时候成绩却直线下滑。原来，这个小女孩的妈妈对她的期望很高，要求也很严格。女孩的妈妈要求孩子的每门成绩都在95分以上，虽然女孩的成绩一直都在班里名列前茅，但是她的妈妈还是不满意，只要成绩稍有退步就是一顿严厉的训斥。有一次，小豆带这个女孩回家玩儿，偶然间听到女孩在跟小豆说："我好讨厌学习啊，妈妈对我的要求太高了，压得我都有些喘不过气来了！"

孩子想要让妈妈满意，但是如果妈妈的期望值太高，孩子就会在压力下，慢慢地失去学习的动力。

（2）用赏识和鼓励滋润孩子的心灵

对于孩子，尤其是对那些正处在挫折和困难中的孩子，家长的一句赏识和鼓励的话语对他们来说就是最好的营养品，激励他们更加积极地去努力，去学习，去把事情做得更好。

菁菁虽然出生在一个普通家庭，却有着极高的艺术天分，老师和同学都很看好她。可是,优秀的她却在梦想的面前折了翅膀,在考音乐学院时意外落榜,这使她非常懊恼和沮丧。她的妈妈也不知道如何是好,就来问我有没有什么方法,能让孩子从低谷中走出来。我告诉她,孩子现在最需要的就是父母的信任和鼓励。

菁菁妈妈想起,孩子最喜欢的就是贝多芬,一直把贝多芬当作自己的榜样。于是悄悄地在她书桌的玻璃板下压了一张纸条,上面写着"卓越人才的一大优点是在不利与艰难的遭遇里百折不挠——贝多芬"。这张纸条给了菁菁很大的触动。一方面,得到了榜样的名言鼓励;另一方面,也感受到了妈妈对自己的关爱和信任。她开始继续发奋学习,第二年终于如愿以偿地考上了梦寐以求的音乐学院。

(3)打骂对孩子的学习积极性来说是最可怕的毒药

"我们家小华什么都好,脑袋够用,老师也夸他聪明,就是不爱学习,对学习完全提不起兴趣。我都不知道因为学习的事情骂了他多少次了,他就是不听话,一提起学习就开始讨价还价,好像是为了我学的一样,最近更过分,说一下他,他还开始翻脸了,跟大人对着干。"一见到我,小华妈妈的抱怨按钮就被打开了,开始像连珠炮似的跟我抱怨着儿子小华是如何不爱学习。

"这不前两天,一放学回来,他就把电视打开了,眼也不眨地盯着电视。我跟他说,让他赶紧去写作业,他也不听,我一气之下,把遥控器一把夺了过来,把电视关了。他气呼呼地跑回自己屋里。我以为他就要开始学习了,没想到,一回屋他就把电脑打开,开始玩游戏了。这可把我气得够呛,训斥了他一顿,现在这孩子还跟我怄着气呢!回家写个作业磨磨蹭蹭,明明一个小时就能做完的,非要故意拖到半夜,我们本来上班就够累了,还得跟他这么熬着……"

健康的家庭教育既需要鼓励又需要批评。如果把家庭教育比喻成培育一棵小树健康茁壮地成长,那么赏识就是给幼树培土浇水,而批评就是给幼树整枝除虫。幼树不能不整枝除虫，但是因为他们是那么娇嫩，过度地修整枝丫反而会影响到他们的生长，所以对孩子的批评修整也要保持适度。对孩子过于苛刻、严厉，动辄打骂，很容易使孩子以后不敢按照自己的意愿做事情，还会让孩子产生叛逆心理。"反正我就是学习不好，那就让我继续学习不好下去吧！"孩子每天处在打骂和训斥之中，就会变得麻木不仁。

有句古语说得好："知其心，然后能救其失也。"在社会高速发展的今天，每一位妈妈都在竭尽所能地为孩子创造更好的物质生活水平、更好的学习条件和环境，却容易忽略对孩子心灵世界的关注。相比于物质的给予，孩子更需要妈妈为他们煲一锅"心灵鸡汤"。

4 很多学习都是从生活开始的

孩子只有在课堂上学习数学、学习汉字才叫学习吗？如果你这样认为，那就大错特错了！孩子的很多学习都是从生活开始的。如果家长不注意在生活中培养孩子，或将错失生活中非常珍贵的教育机会。

"生活即教育，社会即学校。"就像陶行知先生所说，生活中处处都有值得孩子们学习的东西。

刚上幼儿园中班的强强，在妈妈的强迫下报了一个拼音兴趣班。一听说这个兴趣班，我还吃了一惊，学拼音还需要上兴趣班了？这不是小学课程中应有的学习内容吗？放学的时候，我正好在楼下碰见了强强和他妈妈，两个人都一副不高兴的样子。一看到我，强强妈妈就开始抱怨起来："姐，你说这孩子还有什么出息，我给他报兴趣班，他在课上跟老师装病，说自己这里不舒服、那里不舒服。我带着他离开了，他就马上没有不舒服的地方了！"

这很明显，强强是不想上这个兴趣班。我能理解强强妈妈想让强强上拼音兴趣班，无非是想让他在上小学之前就多认点字。但其实，完全可以在日常生活中去认字。比如说：在给孩子读书、讲故事的时候，指着一些字教他们认；走在大街上路过广告牌的时候，看电视或者是看孩子喜欢的动画片时给孩子读一下。在生活中，文字无处不在，教孩子认字的机会也无处不在。只要善于利用生活中这些文字，不久后你就会发现，孩子会喜欢上阅读，伴随着阅读，也可以认识很多的字。这可比上拼音兴趣班有兴趣多了！

学习不仅仅局限于书本和课堂，多姿多彩的生活中处处有孩子学习的好素材。很多的学习，在生活中就可以去实现，尤其对于幼小的孩子来说，让他（她）在生活中去学习，这是非常有效的。引导孩子在生活中学习，不仅能够激发孩子参与的兴趣，还能激发他们探索的欲望。

有一次，我带着小豆去楼下的池塘玩儿，池塘里的小蝌蚪吸引了小豆的注意力。后来在市场上,恰好看到有卖小蝌蚪的,在小豆的提议下,我就给她买了几只,小豆每天用心地喂养它们。在观察与饲养小蝌蚪的过程中,小豆发现:小蝌蚪先长出后腿,再长出前腿,长尾巴渐渐变短,最后不见了,黑黑的身体变成绿色……

生活中,处处都有孩子学习的素材,简单到吃水果都可以帮助孩子学习。比如说,在吃樱桃的时候,先数清一共是10个樱桃,吃掉一个还剩9个,再吃掉一个还剩8个,那如果我一下吃2个呢……孩子都喜欢吃,一边吃一边还能增强孩子学习的兴趣,何乐而不为呢?

生活本来就是一个五彩缤纷又生动形象的大课堂,集天文地理、诗词书画于其中。各位妈妈们完全可以在家庭教育的过程中,引导孩子善于观察、勤于思考,积累更多的生活体验,并在生活中快乐学习。

晓健今年八岁,上二年级。晓健并不是班里最聪明的孩子,却是一本活百科,就因为晓健妈妈在他还小的时候就经常带着他到大自然中去。有一段时间,晓健对自然百科非常有兴趣,每日都在研究各种小动物的百科知识,为了让孩子对这些小动物有更直观的认识,晓健妈妈就经常带他去动物园。

有一次在动物园里,晓健妈妈指着一只羽毛非常漂亮的小鸟问晓健:"这是什么动物呀?"晓健很快就答出了这是蜂鸟。可是当晓健妈妈让他给自己讲讲蜂鸟的特点的时候,儿子却答不上来了。于是,晓健妈妈就对着动物园里的那只蜂鸟还有外面的指示牌告诉儿子,蜂鸟是世界上最小的鸟,它的羽毛非常鲜艳,还会闪耀着金属的光泽。蜂鸟的飞行本领很高,还可以倒退着飞行。晓健妈妈还趁热打铁地跟儿子一同学习了其他动物知识。这件事后,晓健更加注意对动物的一些特征还有技能等的了解,为此,还得到了老师的表扬。

学习不只是向书本学习,也要向生活和自然学习。在生活中学习,孩子能够边学习边获得快乐!

5 帮助孩子养成学习的习惯

叶圣陶曾经说过:"教育就是培养习惯。"孩子良好学习习惯的养成是从家庭教育开始的!

有一则寓言故事:曾有父子俩住山上,每天都要赶牛车下山。父亲较有经验,坐镇驾车。山路崎岖,弯道特多。儿子眼神较好,总是在要转弯时提醒道:"爹,转弯啦!"

有一次父亲因病没有下山,儿子一人驾车,到了弯道,牛怎么也不转弯,儿子用尽各种方法:大声吆喝,下车又推又拉,用青草诱惑之,牛还是一动不动。这到底是怎么回事?儿子百思不得其解。最后只有一个办法了,他看看左右无人,便贴近牛的耳朵大声叫道:"爹,转弯啦!"牛应声而动。

习惯是一种顽强而巨大的力量,它可以主宰人的一生。孩子的学习习惯也是这样。妈妈们要在孩子还小的时候就帮助他们养成良好的学习习惯,一个好的习惯,可以帮助孩子克服学习过程中遇到的许许多多的困难。当然,一个坏的习惯也是造成孩子学习成绩不理想的罪魁祸首。

想要帮助孩子养成一个良好的学习习惯,家长们可以试试以下几个方法。

(1)尽可能为孩子提供一个独立的学习房间

这个房间需要备有写字台、高矮适当的椅子、书架、台灯、必要的课外书等。你可别小看了这简简单单的"硬件"设施,这个是孩子良好学习习惯的基础。

(2)给孩子营造一个敢于提问的氛围

"海水为什么是咸的?""眼泪为什么是咸的?""飞机为什么会飞?"……好奇的孩子们总是会自动开启十万个为什么模式。家长要在家里给孩子营造一个敢于提问的氛围，自己遇到了不懂的问题也要勇敢地向孩子请教，这样会给孩子树立一个榜样，告诉孩子勇敢地提问并不是什么可耻的事情，相反，还是一件很棒的事情。

当孩子提出问题之后要第一时间为他们解答，如果遇到复杂的问题回答不上来，或者自己刚好手头上有事情在忙，也得跟孩子解释一下，告诉他们之后再回答他们的问题，不要将孩子的好奇心扼杀在摇篮里。

（3）让孩子养成预习和自习的习惯

教会孩子认真对待每一个学习环节，包括做好课前预习、把握好上课的 45 分钟、课后认真复习、认真完成作业、做好课后小结。引导孩子通过阅读教科书，主动查阅工具书和资料来解决问题。

（4）给孩子制订学习计划，并严格执行

给孩子制订一个合理的学习计划，不能太紧张也不能太轻松。一般来说，是那种恰好能完成，或者咬牙坚持一下就可以完成的程度。就像摘苹果一样，要是那种不跳摘不到，跳一跳就能摘到的高度。给孩子制订的学习计划要有长期计划和短期计划，比如说一个学期，孩子要有一个整体的规划，然后再把这些规划逐步细化成一个一个的短期目标，短期目标一定要具体。

在生活中，有一些不良的学习习惯，孩子可能在不知不觉中养成了，家长需要特别警惕！比如：学习没有计划性，学习上不明白自己要干什么，该干什么，总是让老师和家长在后面催着；学习时间不固定，学习完全凭情绪，情绪好的时候可以学到深夜，情绪不好的时候，就什么都干不了；粗心大意，不是上课忘带课本和学习工具，就是写作业马马虎虎，经常抄错字母或者是数字。这些都是孩子长期积累的坏习惯，应该引起妈妈们的注意。

有位妈妈告诉我，她和孩子他爸一直都挺注意孩子学习习惯的养成的，但是，孩子好像还是对学习没有什么兴趣，信心也不大。其实，

孩子缺少的是一个积极的自我定位,也就是说让孩子在潜意识里告诉自己,自己对学习是有兴趣的,以增强孩子的学习信心。

英国教育家柯林·罗斯提出了一种训练方法,能够让孩子重塑信心,积极主动地去追求更好的成绩。各位妈妈可以给自己的孩子试一下。整个训练分为以下七个步骤。

第一步:回想自己成功的时刻、事件和情景。对孩子来说,它可以是一次比赛获奖,可以是一次测验成绩优异,甚至可以是解决一道困扰自己很久的难题。就是让孩子去回想那些值得让他们自豪的时刻,感受当时的心情,让现在的自己也充满正能量。

第二步:强化这种情景记忆。认真回想当时的每一个细节。看到了什么?听到了什么?感受是什么?可以闭上眼睛,在脑海里重现当时的情景,唤起内心的激情,让回忆也充满力量。

第三步:用一个词来概括当时的情景。

第四步:深呼吸。抬头挺胸,肩膀后收,面带微笑,闭上眼睛,做两次深呼吸。

第五步:握紧拳头,感觉自己充满了力量。

第六步:再次回忆成功时刻的感受,沉醉在那种力量中,反复默念提示词,比如"我能够学好""我对考试充满信心""我对数学很有兴趣"等。

第七步:放开拳头,睁开眼睛。

每天练习1~2次,每次1分钟,训练时间越长效果越好,慢慢地,你就会发现孩子的信心变强了,也爱上了学习。

有了良好的学习习惯和积极的自我定位,孩子的学习才会变得轻松,学习效率也会不断提高。

6 奖励给得太多，味道就变了

为了让孩子有更好的成绩，不少妈妈都会给孩子奖励。奖励对孩子来说，是一种心理深层次的需要，孩子年龄越小就越渴望奖励。但是奖励也是一把双刃剑，运用得当会收到成效，但是奖励给得太多，味道也就变了！

有人说，好孩子是哄出来的，我们推崇"赏识教育"，希望妈妈们用赏识的眼光来看待孩子，学会鼓励孩子。表扬孩子的每一个进步，适当给予一些小奖励，孩子就会时时得到进步的动力。不过，引导和奖励孩子是一门大学问，需要妈妈们用心研究，把握好尺度。

美国心理学家德西做过一项研究，他选择了一群大学生，在实验室里解有趣的智力难题。整个研究分为了三个阶段：第一阶段，所有被试者都没有奖励；第二阶段，将被试者分为两组，一组被试者完成一个难题就给予1美元的酬劳，另一组则跟第一阶段相同；第三阶段为休息时间，让两组可以原地自由活动，观察他们是否继续解题。

结果：第一组（奖励组）被试者在第二阶段非常努力，而第三阶段继续解题的人却很少；而第二组（无奖励组）则有更多的人在休息时间继续解题。也就是说人们在外在报酬和内在报酬兼得的时候，不但不会增强工作动机，反而会降低工作动机。人们把这种规律称为德西效应。

将这个理论应用到孩子的学习上也是一样，对于孩子学习来说，即使是他们感兴趣的内容，过分的奖励也会降低他们的动机，甚至会让孩子的物质欲望过度膨胀，变得功利和势利。

最近大熊妈妈就正为这事儿头疼呢！她对她家大熊已经到了无计可施的地步了！大熊要参加期中考试，临出门前，大熊问妈妈："妈妈，我这次考好了，有没有什么奖励呀？"妈妈原本想逗一下大熊，就说："没有奖励，小孩子学习是本分，要什么奖励？"没想到，大熊脸色一变，非常不高兴地说："没有奖励的话，那我就不考试了，你自己看着办吧！"

大熊妈妈一听，瞬间愣住了。"孩子怎么会变成这样呢？"大熊妈妈这样对我说。

原来，大熊之所以会这样，还要从他上幼儿园的时候说起。那个时候大熊不想上幼儿园，大熊妈妈就会对他说："你乖乖地去上幼儿园，等放学之后，我带你去吃肯德基。"没想到立竿见影，原本还在哭闹的大熊立马乖乖地去上学了。全家人都学会了这一招，就变成了"乖，把饭吃完，带你去游乐场""这次考好了的话，就给你买阿迪的运动鞋""不哭不闹的话周末就带你去郊区玩"……屡试不爽。

相信很多妈妈都为了鼓励孩子学习而煞费苦心吧！她们中的大多数最终都把奖励定为了物质奖励。殊不知，物质奖励容易使孩子的行为逐步降低到只以获得奖励为目的，而忘记自己的兴趣与初衷。也就是说，孩子会变成为了奖品而学习，一旦哪天没有奖励了，孩子就不愿行动了。

一位妈妈告诉我，她用了很多办法来激励孩子。比如：如果期末成绩好，就带他去游乐场，给他买名牌运动鞋，买他喜欢的变形金刚玩具，带他吃西餐，甚至许诺他考到某种程度就带他出国旅游等。但每种方法往往也就管用那么一会儿，孩子可能会为了奖励努力那么一两天，但很快就像泄了气的皮球一样，所以成绩一直没什么起色。

奖励是对孩子的一种积极评价，但是，如果方法不恰当，结果可能适得其反。那么怎样做才合适呢？

精神鼓励要多于物质奖励。让孩子牢牢记住：这是他（她）应该做的，他（她）是在为自己学习，为自己努力，而不是为得到父母的物质奖励。

所有人都希望自己好的行为得到人们的肯定和赏识，这样才能激发继续努力的斗志。对孩子来说，他们更渴望得到的是被认可的感觉，而不是具体的物质。

心理学家雷珀曾经做过一个实验：他将一些喜欢绘画的孩子随机

地分成了两组,一组告诉他们"只要你们画得好,我就给你奖励",另一组则告诉他们"我非常期待看到你们的作品"。两组孩子听到后都很用心地画了起来,结果第一组孩子得到了奖品,第二组孩子得到了赞赏。

三个星期后,第一组孩子却开始明显对绘画失去了兴趣,他们当中的大多数都是要在爸妈或者老师的逼迫下才肯画画;而第二组孩子却依旧兴致勃勃,对绘画的兴趣不减反增。后来很多国家的不同学者都做了同样的实验,结果都是一致的。

这就像孩子的学习一样,物质奖品的确能够强化他们学习的行为,不过并不会让他们对学习产生兴趣,一旦失去了这种物质奖品,孩子很快就会失去学习的动力。

估计有不少妈妈都对孩子说过这样的话"只要这次期末考试能考好,我就给你买你喜欢的山地车""写完作业我就带你去吃肯德基"……孩子在听到这些物质奖励之时的确会努力一会儿,不过过不了多长时间,孩子就马上被"打回原形"了!相反,如果对孩子说"我期待你能够在这次期末考试中取得好成绩""周末先完成作业再出去玩耍才是好孩子"……就比较容易让孩子形成一种责任感,自觉地努力学习。

各位妈妈可以多给孩子一些精神奖励,比如:当孩子拿着自己的"大作"向你炫耀时,你夸一句"你真棒!宝宝画得真好!"一个满意的微笑、一个赏识的眼神、一个温暖的拥抱、一次赞许的拍肩……都会让孩子从心里增加动力。多一些精神奖励、少一些物质奖励,才能激发孩子的内在动机。

7 让孩子自己寻找答案

最好的教育永远都是让孩子自己寻找答案。凡是孩子能够想到的，就让他们自己去想，凡是孩子能够做到的，就让他们自己去做，这样才能让他们更加自立和独立。

常听一些妈妈说："孩子现在还小呢，等他们长大一些了，自然会自己寻找答案了！"殊不知，孩子独立寻找答案的能力是需要从小在实践中培养的。如果生活和学习中，妈妈们把很多本该孩子解决的问题、本该孩子寻找的答案都大包大揽在自己身上了，孩子长大后也会丧失自己寻找答案和问题解决方法的能力。

还在上幼儿园大班的小澍的遥控车突然坏了，"可是，明明昨天才换的电池呀？"一边想着，小澍一边试图找到遥控车坏了的原因。只见他一会儿弄弄这里，一会儿弄弄那里，虽然没有解决问题，但是却十分兴致勃勃。这时，小澍的爸爸走了过来，看见儿子正拿着小车不知所措，便说："乖儿子，你不会修这个，来爸爸给你修……"边说边顺势从小澍手里接过小车，"爸爸要不我再修一下试试吧！"小澍略带恳求地说道。但是小澍爸爸却说："你小孩子家家的哪里会修这个，还是我给你修吧！"

当小澍的车坏了时，他想要自己解决问题，把车修好，可是，他想独立解决问题的意识却被爸爸扼杀在摇篮里了。家长其实很容易把孩子当成自己的附属品，而忽略了培养他们自己解决问题、寻找问题答案的能力。长此以往，孩子独立思考问题的能力就越来越差，在今后的学习中也会想着依赖老师、家长来解决自己的问题。

这一点孙夏的妈妈做得就很好。孙夏妈妈在教育孙夏的过程中很注意引导孙夏提出问题，并寻找问题的答案。

那是一个夏日的午后，天空突然阴云密布，地上的小蚂蚁开始成群结队地搬起家来。当时还只有五岁的孙夏看到了小蚂蚁搬家的场景很是好奇，就问妈妈："妈妈，妈妈，这些小蚂蚁准备干什么去啊？"

看着孙夏一脸好奇的表情，妈妈并没有直接回答，而是指了指天空说："你说呢？看一下，天空现在怎么了？"孙夏抬起头认真地看着天空，说道："嗯嗯，妈妈，我知道了，快要下雨了，小蚂蚁们是要准备搬家了！"

"那小蚂蚁是会把家搬到高一点的地方还是低一点的地方呢？"孙夏妈妈趁机问。

"应该是高一点的地方，这样小蚂蚁就不用担心自己的家被大雨冲走了！"孙夏仔细思考之后回答。

"嗯，你真是个会动脑的好孩子！"听了妈妈的夸奖，孙夏自信地笑了。

生活中，妈妈们很容易忽略倾听孩子的需要，面对孩子提出的问题，大部分妈妈的做法就是立刻告诉孩子答案，因为这样看起来很快就满足了孩子的好奇心，又简单又省事。殊不知，长此下去，只会助长孩子对家长的依赖心理，让他们遇到问题就请教父母，希望父母立刻就能给予解决，而不愿意独立思考问题了。

其实，让孩子记住学过的知识最好的方法就是让他们自己去思考。就拿给孩子讲故事来说吧，如果只是按照书本上一字一句读给孩子听，即使一遍一遍地重复着讲，孩子也是认认真真地听，效果也不会太好。相反，如果这个时候能够适当地提出一些问题让孩子参与进来，就会有更好的效果。

小豆还小的时候，我和她一起看故事书时，我都不是一字一字读给小豆听，而是和小豆一边看一边讨论。小豆有的时候会提出一些比较稚嫩的问题，虽然我知道答案是什么，但是我也不会马上告诉她，我会像孙夏的妈妈那样，引导小豆去思考，这样，孩子在听故事的过程中不仅锻炼了语言表达的能力，而且锻炼了他独立思考问题、寻找答案的能力。

在培养孩子独立解决问题能力的时候，有几个小贴士，想要分享给各位妈妈们。

（1）鼓励孩子多问为什么

如果你的孩子有打破砂锅问到底的习惯，那么恭喜你，你的孩子将会比别的孩子更容易接近成功。对于孩子的一连串为什么，妈妈们可不要表现出不耐烦，如果妈妈和孩子一起去思考，去寻求未知的答案，孩子提出问题的欲望就会不断增强。

（2）不阻止孩子探索性的行为活动

小孩子面对未知的事物，都是喜欢探索的，特别是男孩子，如果孩子是为了探究原理而拆了玩具，先不要骂他，但是要要求他，一定要复原。

（3）允许孩子有稀奇古怪的想法

孩子都会有一些"稀奇古怪"的想法，比如说，面对交通堵塞，孩子跟你说想要插上一双翅膀在天上飞，这个时候可不要泼孩子冷水，在旁边跟孩子一起幻想，孩子会很开心。

德国教育家第斯多惠曾说过："一个真正的教师，指点他学生的，不是用已投入了千百年劳动的现成的大厦，而是促使他去做砌砖的工作，同他一起来建造大厦，教他建筑。"妈妈作为孩子的第一任老师，我们对孩子的教育不应是让他们被动地去获得我们给他们灌输的知识和答案，而应是积极地引导他们在生活中寻找问题的答案。

8 师生关系不融洽，也会影响学习

我国是一个有几千年尊师重教传统的国家，但是并不是每个孩子都能跟老师维持一种和谐的师生关系。师生关系不融洽会影响孩子的学习，妈妈们应该重视。

美国第 33 任总统亨利·杜鲁门的成功离不开他上学时候的一位女老师。这是一位值得尊敬的女老师，学校里的很多学生都非常希望得到她的喜爱和重视。这位女老师非常喜欢班上一个名叫罗斯的小男孩，因为他学习成绩突出，并且很守纪律。在罗斯班级的毕业典礼那天，女老师安排罗斯在典礼上致辞，并亲吻他，祝愿他走向成功之路。

为了得到女老师一个吻的奖励，亨利·杜鲁门开始发奋学习，没过多久，他的成绩就提高了很多，而且几乎全校都知道了这个很出色的男孩。随之，他的愿望也实现了——他真的得到了那个美丽的女老师一个吻的奖励。

不要小看了师生关系对孩子学习的影响，在学校里有一个让孩子尊敬和崇拜的老师，对孩子学习的斗志是一种激励。从幼儿园开始，到大学、研究生毕业，近二十年的学习生活，孩子一刻都离不开老师的帮助和教诲。和谐融洽的师生关系对孩子的身心健康、学习成绩都十分重要，特别是当孩子还小的时候。

可是，很多妈妈却发现自己的孩子和老师的关系并没有处得很好。他们有的对老师敬而远之，有的对老师有抵触心理，有的一味惧怕老师，有的对老师十分厌烦，甚至公开顶撞或者在你面前抱怨老师。

那么，妈妈们要如何处理好孩子和老师的关系呢？

（1）不在孩子面前贬低老师

有的妈妈喜欢当着孩子的面贬低老师，她们可能只是发发牢骚，发泄一下对老师的不满，其实并不是和老师有什么矛盾，更不是希望孩子不尊重这位老师。但往往说者无心，听者有意，这简单的几句牢骚，很容易被孩子听到心里，记到脑子里，结果给孩子的心理造成巨大的影响，甚至让孩子在学校里做出对老师很不礼貌的事情，影响到孩子和老师的关系。

我的一位老同学，最爱跟我们抱怨孩子学校里的事情，比如说学校功课太多、孩子写作业时间太长、老师太严厉……尤其是对孩子的英语老师，颇为不满，不是抱怨老师不注重孩子的口语，就是抱怨老师总是罚孩子抄写单词。经常在孩子面前跟我们这帮老同学抱怨这个抱怨那个。当时我心里就隐隐担心，这样的话被孩子听到了，会影响孩子的学习，我每次想要把话题转一下，可是每次她又能把话题成功地转回来。

果不其然，孩子期末考试成绩出来后，英语成绩差点就不及格。老同学也开始反省自己。我建议她去找孩子的英语老师谈一下，她听了我的建议，跟老师长谈一次后发现，其实这位英语老师是学校的老教师了，教学比较严厉了一些，经过沟通，英语老师也认识到自己在孩子口语教育方面的欠缺，开始注重孩子英语的应用教育，减少了对孩子的惩罚，孩子也慢慢对英语课产生了兴趣。

孩子年龄尚小，对一个人的认知往往受父母的影响很大。如果父母把对老师的负面情绪传递给了孩子，就会造成孩子对老师很大的不信任，进而在学习中很难听从老师的教导。信其师，则亲其道。作为妈妈，我们要在孩子面前强化老师的正面形象，这样孩子才能对老师产生崇敬心理，更好地跟着老师学习。

（2）妈妈要当"双面胶"

妈妈不仅不能在孩子面前贬低老师，还要当好孩子和老师之间的"双面胶"，做老师和孩子的"和事佬"。

一位妈妈去学校开家长会，听了一堆孩子的缺点回来，儿子问

"老师又批评我了吧？""没有啊，老师还表扬你了，说你比前段时间更注重个人卫生了。"妈妈的一句话让孩子心中一亮，"原来在老师心目中，我并不是一无是处，老师不但不讨厌我，反而能看到我的每一点变化，我不会让老师失望的！"儿子在心中默默地想。从那之后，这个孩子就渐渐地喜欢上了这位老师，学习成绩也不知不觉地提高了。

小豆刚上小学三年级的时候，换了班级，原本自己很喜欢的数学老师不再教小豆了，换成了一位非常严厉的老教师，这让小豆心里很不开心，对这位新数学老师也颇有成见：上课枯燥乏味、经常东拉西扯、解题方法一成不变、经常布置很多作业……

随后，小豆就爆发了"数学危机"，原本很爱上数学课的她，成绩一落千丈，上课经常一言不发。新的数学老师有一次给我打电话，向我介绍了小豆最近的情况，并询问她最近是否心理上有什么变化。我知道，孩子数学成绩下滑这么多，一定是对数学老师不满造成的。

一方面，我和这位数学老师就小豆各方面的表现交换了意见，还借孩子的嘴夸了她在教学方面的优点，不过也提出了孩子的一些希望；另一方面，我跟小豆也认真地谈了一次话，告诉她现在的这位数学老师，跟二年级时候的数学老师一样，都很欣赏她，都认为她很有潜力。还告诉小豆，现在的这位数学老师，是市里面的优秀教师，她布置的作业也都是为了让同学对所学知识有一个更好的巩固……

在我的协调下，孩子开始慢慢接受了这位新老师，而这位新老师还让小豆担任了这学期的数学课代表。从此，我再也没有听到孩子对数学老师的抱怨，小豆又重拾了往日对数学的兴趣。

学校和老师是孩子所处的最主要的环境，孩子总是希望自己被老师接受、喜欢和欣赏。孩子对自己和老师的关系是极为敏感的，他们可能因为和老师关系处得好而努力学习，也可能因为与老师的关系处理得不好而感到前途无望。

从心理学的角度来看，这就是一种每个人都希望得到肯定、表扬的心理。当某人得到较高期望时，就会产生积极、主动的行为动力。也就是说，当孩子和老师关系融洽的时候，他们会感到对外部环境的胜任，就会形成一种健康的心理状态，有足够的自尊和自信，以积极的态度学习。相反，如果孩子和老师的关系不融洽，他们就会感觉无法胜任外部环境，孩子的心理处在不健康的状态之下，就会变得自卑、消极，进而影响孩子的学习能力。

孩子正处在叛逆期，很容易与老师的关系处在紧张状态。各位妈妈们，要帮助孩子建立良好的师生关系，让孩子成长为尊师重道的人。

第六章　永远不要贬低你的孩子

1 自尊和自信，是孩子一生的保障

孩子不是等待我们填充的容器，也不是可以被任意涂写的墙面，而是有待喷薄的泉眼。自尊和自信，是这个泉眼喷薄的最大动力！

美国心理学家马斯洛曾经说过，人有衣食住行等物质需要，也有与人交往、友爱、安全、实现人生价值等社会需要。这位心理学家将人的需要分为五个层次：生理需要、安全需要、社交需要、尊重需要和自我实现需要。他把这五个层次的需要称作是人的本性，人一切活动的根本动力都来源于此。在对人的五种需要进行划分时，马斯洛把尊重需要和自我实现需要定义为两个比较高层次的需要，而自尊和自信就是这两个需要的直接体现。

有句老话"人活一张脸，树活一张皮"说的就是这个道理。自尊和自信对孩子的重要性不言而喻，它们是孩子一生的保障。

小区里有个小朋友叫瑷瑷，从小就长得又黑又瘦，个头也比一般的孩子要小一些。刚去幼儿园的时候，瑷瑷妈妈可没少发愁。虽然已经三岁了，可是瑷瑷还是不会穿衣服、不会洗脸，动作又慢又笨。在幼儿园里，瑷瑷一天到晚地哭个不停，任凭老师们怎么哄，她都不听。瑷瑷妈妈实在没办法，只能选择让她留一级。

为了让孩子更好地适应幼儿园的生活，瑷瑷妈妈一直鼓励她要多与小朋友玩耍，只要肯努力，她也可以像其他小朋友一样做得很好。瑷瑷妈妈还拜托幼儿园老师给孩子安排一点小工作：比如帮小朋友们拿杯子，给小朋友们分饮料、分水果，组织小朋友们去洗手等。一开始瑷瑷还有些紧张，在这些事情面前会显得很局促，不过在老师和妈妈的鼓励下，她很快就适应了这些工作，后来的瑷瑷俨然就像个小班长一样。从此，瑷瑷爱上了去幼儿园，瑷瑷妈妈发现她开朗了很多，老师也夸她变得勇敢了。

一个不被人重视的小朋友，因为在幼儿园里得到了重视，感受到了妈妈和老师对她的爱和尊重，她的自尊心受到了保护，渐渐变成了一个自信、开朗的孩子。自尊和自信是一种力量，有自尊和自信的人，面对生活中的挫折也会勇敢积极，做一个生活中的强者。而自尊心长期受到压抑的人，常会感到自卑，认为自己没有可以做成功的事情。这种孩子长大后往往会缺乏积极向上的动力，不能正确地对待挫折。

所以说，孩子的自尊心和自信心是不能伤害的！妈妈们要学会保护孩子脆弱的自尊心，增强他们的自信心。我们可以试试以下方法。

（1）对于孩子没做好的事儿"睁一只眼闭一只眼"

树怕伤根，人怕伤心。孩子难免有做不好的事情，但并不是因为笨或者胆小。如果因为孩子一次小小的失误就指责他（她），甚至讽刺、挖苦他们，那么一个本来还不错的孩子，在指责埋怨声中，也会慢慢地失去自尊心和上进心，最终难以成才。

一个还不到十岁的小男孩，每天放学都要经过一片树林。有一次，因为路上贪玩，天黑了，树林又太大，孩子就迷路了。恰好前几天，班上的一位同学又给他讲了一个关于大灰狼的故事，小男孩害怕，就蹲在地上哭了起来。

孩子的妈妈看孩子许久没回家，就去树林找他，隐约看到儿子蹲在那里哭，妈妈并没有过去找他，而是假装没看到他似的，在不远处哼起了歌。小男孩听到妈妈的歌声，站起来，擦擦眼泪，跑过去："妈妈，你怎么知道我在这里？"

这位妈妈笑着说："我不知道你在这儿呀！只是我刚刚做完晚饭，想着出来散散步，没想到你在这里！走吧，跟妈妈一起回家吧！"就这样，小男孩擦擦眼泪，很高兴地和妈妈一起回家了。而这位妈妈也成功地保护了孩子的自尊心。

（2）给孩子积极的心理暗示

教育心理学上有个著名的"罗森塔尔效应"。罗森塔尔是美国著名的教育心理学专家，他曾经在加利福尼亚州一所学校做过一个非常著名的实验：他在这所学校挑选出了一组学生组成了两个班级，并告诉他们"你们是这个学校里最聪明的学生，智商也比同龄人高"，并请了学校里最好的两个老师为他们授课。

一年之后，这两个新组成班级的学生的成绩果然是全校最优秀的，甚至比其他班学生的分数高出很多。当两位老师问罗森塔尔是通过什么样的调查方式知道这些孩子具备超常智商时，大家才知道真相，原来这些学生的智商并不比别的孩子高，这两位老师也不是学校最好的老师，他们都只是被随机抽取的。

这其实就是一种积极的心理暗示。实验中的老师和孩子获得了赞美和信任，他们便拥有了一种积极向上的动力，变得更加自尊和自信。在教育孩子时，妈妈们要不断给孩子们传递一种积极的信念。父母和老师觉得他（她）行，他（她）的内心也会更强大、更自信。

（3）让孩子写日记，记录自己的进步

有的时候，孩子并不是没有进步，只是孩子自己没有发现。妈妈们可以为孩子准备一本"成功手记"，鼓励孩子把自己的优点、长处写出来，可以贴在家里，也可以记在手记上，经常和孩子一起回顾，既能锻炼孩子的写作能力，又能增强孩子的自信心。小豆从开始上小学就有一本"成功手记"，我们一家人经常一起翻看这本手记，对小豆来说，这是一份弥足珍贵的回忆。

在教育小豆的过程中，我总结了避免伤害孩子自尊心和自信心的八条智慧，送给各位妈妈：

一是在生活中善于发现孩子的"闪光点"，发现孩子的点滴进步，并不失时机地给予他们肯定和表扬。

二是不要随意贬低自己的孩子，更不能给他们贴上"没出息""窝囊废"的标签。

三是学会赞美自己的孩子，不只是单纯地夸他们长得漂亮、聪明，而是看到孩子特有的优势。

四是肯定孩子的每一次努力，即使最后没有获得成功，努力的过程也弥足珍贵。

五是当孩子在通往成功的路上遇到挫折、情绪低落时，要及时给予他们爱的关怀。

六是不要总在孩子面前夸别人家的孩子，特别是拿别人的优点与孩子的缺点做比较。

七是可以借用别人的话来夸奖自己的孩子，用这种方法增强孩子自尊心和自信心的效果会更好。

八是给孩子传递的永远都是积极乐观的心态。

2 多关注孩子的"闪光点"

俗语说:"尺有所短,寸有所长。"每个人身上都有优点和不足,重要的是发掘出孩子身上的"闪光点"来弥补不足。

我们先来看一个故事。两个人各有一杯喝了一半的水,一个人说:"我已经喝了半杯了!"另一个人说:"我还有半杯没喝!"显然,前者的话语中透着遗憾和苦涩,而后者则是充满了希望。

我们的孩子就好像这杯喝了一半的水,"空的那一半"好比孩子身上的缺点,而"满的那一半"则好比孩子身上的"闪光点"。如果各位妈妈只是盯住"空的那一半",就会不由自主地放大孩子的缺点,难免说出一些打击孩子自尊心的话;而如果各位妈妈关注的是"满的那一半",捕捉孩子的"闪光点",呵护和鼓励他们,孩子也会充满希望。

德国美学家黑格尔说:"不应该使孩子们的注意力长久地集中在一些过失上,对此,尽可能委婉地提醒一下就够了。最重要的是要在孩子身上激发出对自身力量和自身荣誉的信念。"

对于孩子来说,因失败和挫折等带来的负面情绪就像铁锈,会慢慢锈掉孩子的智慧。而自身的荣耀和力量,就像是闪闪发亮的钻石,让孩子的人生熠熠生辉。如果妈妈总是把眼光盯在孩子的过错上不放,就很容易让孩子往消极的方面发展,甚至产生"破罐子破摔"的消极想法。

我们常说:"千里马常有,然伯乐难求。"一块石头在孩子眼里只是一件玩具,在建筑者眼里是一块没有用的废品,而在雕塑家眼里却将是可成就的一件完美的艺术品。人又何尝不是这样呢?我们要用一双眼去发现和赏识孩子们身上的"闪光点",这样每一个孩子都是"千里马"或可成为"千里马"。

我们在工作中也希望得到别人的认可和尊重,即使偶尔有错误,也是希望别人能理解。孩子也是这样。对于孩子身上存在的问题,妈妈们在纠正的同时，如果能够用心发现他们身上的优点，细心捕捉那些稍纵即逝的"闪光点"，及时肯定和鼓励，对孩子会有令人意外的教育效果。这一点品悦妈妈就做得很好。

月考结束了，品悦撅着小嘴回到了家。看着孩子这一副不开心的样子，品悦妈妈就知道，孩子这次一定又没有考好。

面对情绪低落的孩子，品悦妈妈并没有批评和指责，反而在晚饭的时候给品悦做了她最爱吃的红烧鱼。吃完美味的红烧鱼，品悦的心情也跟着好了许多，于是母女俩就开始谈起心来。"妈妈，我这次月考又没有考好。妈妈，我怎么这么笨！我身上一无是处。"听到品悦这么说，品悦妈妈震惊了！为了让孩子振作起来，品悦妈妈安慰道："亲爱的，你很聪明，你也有很多的优点！"品悦看着妈妈，问道："妈妈，我有什么优点？""你很聪明、漂亮，你在音乐、乐器还有舞蹈方面都很棒啊！就在前几天，你不是还刚刚过了钢琴考级吗？老师还夸你悟性高。学习成绩很重要，妈妈也希望你能取得好的成绩，但是这绝对不是衡量一个人能力的唯一标准，你要做的就是充分发挥你身上的优点和潜能来弥补缺点，你说是不是？"听了妈妈的话，品悦点点头说："妈妈，你说得很有道理，我一定会更加努力的。"

后来，品悦的学校举办了一场文艺表演，品悦被老师推荐表演钢琴独奏。自从那场演出后，品悦就成了学校里的小名人，每天都自信满满的。重获信心的品悦，像变了一个人一样，一改往日的懒散，不仅钢琴练得更勤快了，在学习上也变得更加用心，成绩进步了不少！

"走进孩子的心，你会发现那是一个无比丰富的奇妙世界，许多百思不解的难题都会迎刃而解。"每个孩子都有他（她）的"闪光点"，妈妈们应该帮助孩子挖掘他们的"闪光点"，并将关注力多集中在孩子的"闪光点"上，这样孩子才能更有自信，一点点取得进步。

3 永远不要贬低你的孩子

孩子也需要荣誉感，可妈妈们往往忽略这一点，经常数落孩子的不是，甚至贬低孩子。这样一次，孩子或许还会有羞耻感，如果总是这样，就很容易伤了孩子的自尊心和荣誉感。

有这样一个故事：一个小女孩参加学校组织的合唱队，老师发现她唱歌跑调，非常气愤地将她"踢出"了合唱队。小女孩很伤心，但是因为缺少了一个人，合唱队人数就不够了。三天后，老师又要求女孩重新回到合唱队，但是规定女孩只能动口型，不能发出声音。

女孩很伤心，感觉自己的自尊心受到了很大的伤害。自那以后很长时间里，小女孩都不能唱歌，因为根本没办法唱出声音来。甚至她成年之后，一遇到当众演讲她还是会紧张得不得了。而这个女孩就是著名作家毕淑敏。

永远都不要贬低一个孩子，因为一旦伤到他（她）的自尊心，这将会对他（她）的一生都造成影响。但是生活中，经常打击孩子的自尊心，贬低孩子取得的成绩，不放过孩子一点点过失的家长却并不少见。

有一年过年回老家，几家人聚在一起，孩子多了，难免有学习成绩的比较。孩子们的舅舅把大家叫到跟前，一个一个地问孩子们："期末考试考得怎么样？"

比小豆大一岁的姐姐小晶抢先回答道："语文 98 分，数学 99 分。"舅舅满意地点点头说："好，好，不错。"我们几个大人也跟着附和道："小晶这孩子成绩真不错！"

小晶爸爸一听，怕小晶骄傲，忙说："还不算好，她班上有两个同学语文、数学都考了 100 分，拿了双百。"只见，小晶原本骄傲的表情突然就黯淡了，自己一个人默默地坐在旁边的沙发上看起了电视。

当问到另一个姐姐明明时，明明不好意思地回答说："我成绩没有小晶好，语文 88 分，数学 92 分。"还没等孩子们的舅舅回答，明明妈妈马上说："明明今年比去年进步不少呢，她一直都在很努力地学习，还会帮我们做家务。今年还评上了学校的'三好学生'，老师和同学都很喜欢她。"

第二年我们再回去的时候，再问及小晶的成绩，发现小晶这次的成绩退步了不少，而明明却考了双百分。

大多数家长在面对别人夸奖自己孩子时，第一反应都是谦虚，但像小晶的爸爸一样，很多家长却没有把握好谦虚的分寸，谦虚并不是要贬低自己的孩子。

可以看出来，小晶的爸爸对小晶的成绩是满意的，可是却没有表现出来，而是用别的同学的双百来跟孩子做比较。小晶从爸爸这儿得到的信息就是，爸爸觉得我很无能。

明明妈妈做得就很好，她肯定了孩子的努力，没有贬低自己的孩子。或许孩子成绩不是最优秀的，但是她会帮忙做家务，还得了"三好学生"，在其他方面有"闪光点"。孩子的自尊得到了保护，自然对学习充满了自信，学习成绩也就提高了。

当别人夸奖你的孩子时，你可以谦虚，但是不要贬低自己的孩子，更不能对孩子取得的成绩视而不见。有研究发现，贬低自己的孩子对孩子造成的伤害，不亚于肉体上的摧残。因为情感上的贬低，很容易导致他们成年后对社会的适应能力降低、自卑、缺乏自信心、胆小怕事，甚至情感冷漠……

眼看就要 30 岁的女程序员莎莎从小就跟妈妈一起生活，妈妈总是拿她出气，打击她的自尊心。"又肥又胖，又肥又胖，没个男人看得上"，妈妈还编了个顺口溜来嘲笑她的长相，以至于莎莎到现在还没有信心和男人相处。

"如果有哪个男人夸我漂亮，我都不敢相信，脑子里一直都是妈妈的那句顺口溜。"莎莎如是说。

"孩子是我的私有财产，想怎么说就怎么说！"有些妈妈总是站在高高的位置上俯视孩子，对孩子不分地点、场合，不分轻重地随意指责，甚至是贬低。殊不知贬低自己的孩子不仅会伤了孩子的自尊心，还会引起孩子的抵触和逆反心理。比如，不愿意跟父母说话，或者是表面顺从，背后反抗……

永远不要贬低自己的孩子，更不能当众贬低你的孩子。

"父母不宣扬子女的过错，则子女对自己的名誉就愈看重。他们觉得自己是有名誉的人，因而更会小心地维护别人对自己的好评。若是当众宣布他们的过失，使其无地自容，他们愈是觉得自己的名誉已经受到了打击，设法维护别人好评的心理也就愈淡薄。"英国哲学家洛克的这句话，说得非常好。试想一下，如果你在工作中犯了错误，你的领导当着部门同事的面批评你，甚至是专门开个会批评你，你会是什么样的感受呢？

孩子和大人一样，都是好面子的，家长当着外人贬低自己的孩子，最伤孩子自尊。各位妈妈们要多用鼓励教育，把孩子的信心树立起来，把孩子的荣誉感培养起来，让孩子永远觉得自己是好样的，至少是也有很多优点。

4 你的每一次赞美都很重要

好孩子都是夸出来的。一位合格的妈妈，要懂得赞美自己的孩子。要知道，你的每一次赞美都很重要！

一次，小豆爸爸请几个朋友在家吃饭，几杯酒下肚，大家开始谈论起自家的儿女。几个朋友每个人都在夸别人的儿子、女儿，却没有一个在夸奖自己的孩子。这时，小豆爸爸却很开心地说道："你们就别相互吹捧啦！我还是觉得我家小豆好，我姑娘又聪明又懂事，还是爸爸的贴心小棉袄。每次回家，坐在沙发上，她都会跑过来，给我倒杯水，然后帮我捏捏肩膀。"一边说，一边还露出特别自豪的表情。

几个朋友都向小豆爸爸投来羡慕的目光。一个朋友说："小豆真是个好孩子！真乖！"小豆在一边儿也骄傲地笑着。"其实你们的孩子也都很优秀啊！只是你们都在挑剔他们的毛病，而忘记了他们的优点。"

晚上的时候，大家都各自回家了。小豆爸爸躺在沙发上，小豆扑在他的怀里，说："爸爸，我一定会好好表现，不让你失望。"我和小豆爸爸都开心地笑了。

美国心理学家威廉·杰姆斯曾经说过："人性最深层的需要就是渴望别人的赞赏。"一位好妈妈会用爱去保护孩子的自尊心，多表扬鼓励，少指责埋怨。即使发现了孩子的缺点，也会耐心地帮助孩子分析原因，鼓励孩子克服纠正。

有一次我和婆婆正在包馄饨，小豆放学回家，看我们正在忙碌着，也主动提出来要帮我们一起包馄饨。我和她奶奶很开心，就答应了。不过，因为第一次包馄饨，小豆显然有些手忙脚乱，将面粉、菜馅弄得四处都是。孩子奶奶有些不耐烦了，话语中带着责怪地让小豆自己去写作业。

这时，我在一旁提醒道："妈，孩子喜欢动手是好事啊！"小豆奶奶一想，连忙说："小豆懂得帮助妈妈和奶奶很棒的哦！来跟着奶奶一起包一小盘，就去写作业好不好？"小豆听了很高兴地点点头，也开始学着奶奶的样子，很认真地包着每一个馄饨，包的还有模有样的。

不要忽略赞美的力量，赞美也是一种教育方式，有时赞美比批评教育更有效。不知道各位妈妈有没有听过著名教育家陶行知"四个糖果"的故事。

当时，他担任育才学校的校长，为了教育一个拿着砖头打人的学生，他先掏出一块糖，说："这是奖励你的，因为你按时来了。"接着，又掏出了一块糖，说："这是奖励你的，因为我不让你打人，你就立刻停手了。说明你尊重我。"这位男生将信将疑。接着陶行知又掏出了一颗糖，递给了男生。男生接过之后，说："校长，我错了，我再也不用砖头打同学了！"陶行知高兴地掏出第四块糖，对这个男生说："很好，这块糖也是给你的。你认识到自己的错误了，再奖励你一块，我的糖分完了，我们的谈话也该结束了！"

对男生来说，原本等待他的应该是一场暴风骤雨般的严厉批评，而校长却用糖果变成了温柔教育，而且还让他认识到了自身的错误。这就是赞美的作用，既保护了孩子的自尊心和自信心，还给孩子提供了自我反省的机会。

别舍不得夸奖你的孩子，即使是"芝麻"夸着夸着也会变成"西瓜"的。不过，夸孩子也是一门艺术。

（1）赞美的内容要具体

也就是说，赞美要有实质性的内容，而不是简单的"你好漂亮""你好聪明"。比如孩子在看书，看完书后孩子将书籍放回原来的位置，妈妈们如果只是简单地说一句"你好棒！"孩子们是不会知道自己"棒"在哪里的。这个时候，妈妈们可以说："你很棒哦，因为你将书看完后放回原来的书架上。"这样孩子们自然就领会到了表扬的意思，下次会在这一方面做得更好！

（2）赞美的态度要积极

在赞美孩子的时候，一定要有积极的态度。有的妈妈工作很忙，跟孩子沟通的时候常常会不耐烦，随便回应孩子几句他们爱听的话，认为这样就能摆脱孩子的纠缠。殊不知，这样反而容易将错误的言行进行肯定，造成误导；也可能对应该充分赞美的好行为表现冷漠，影响孩子的积极性。

（3）赞美孩子时可以配合肢体动作

赞美孩子的时候，除了口头表扬之外，还可以配合一些肢体动作。比如用竖起大拇指、摸摸头、拍拍肩、鼓鼓掌、抱一抱等来强化赞美的效果。如果孩子已经比较大了，则可以换成眼神的交流，或者是适当的手势交流，让孩子感受到来自妈妈的赞美。

现在就试着用上面的方法，赞美一下自己的孩子吧！

5 肯定孩子的每次努力,即使他(她)并没有成功

每一个孩子的成功都应该被鼓励,每一个孩子的努力都值得被肯定。肯定和鼓励是孩子成长最好的营养。肯定孩子的每次努力,即使他(她)并没有成功。

在开始之前,我们先来做一个小测试,当你遇到以下这些情况的时候,你会怎么做?

孩子很认真地复习、准备考试,可是期末还是没有考好。

孩子得意扬扬地拿着自己刚完成的一篇作文给你看,虽然能看出来他的字迹写得很工整,可是文章结构还是太差。

下班后,孩子端着热腾腾的饭菜对你说:"妈妈,我给你做了饭!"虽然看起来并没有那么美味。

……

遇到这样的情形,你会怎么做?如果你会以夸奖的语气开始与孩子的对话,那么恭喜你,你是一个懂得肯定孩子努力的妈妈,而你的每一份肯定,都会得到孩子的不断进步作为回报!

有这样一个故事:从前有个青年由于常年游手好闲,所以债台高筑,常为欠下的债而烦恼。一天晚上,他突然问自己:"许多人能快乐地还债,而我为什么不能?"这样的一个疑问,像是一把钥匙,突然打开了他心中的那把锁。他开始分析自己现在的状况,发现自己欠缺的别人一样欠缺,唯独一个例外,就是他比别人缺少"我能行"的信念。于是,他开始鼓励自己,从前那个整天懒洋洋的、一副疲惫不堪模样的年轻人,开始一反常态地对生活充满了激情。他开始努力工作,努力生活,与从前判若两人。经过努力,他有了可观的收入。

心理学上有一个结论:每个人自身都隐藏着巨大的潜能,只要相信自己,发挥自己的潜能,人人都能获得成功。孩子也是这样,不同的是孩子自我鼓励的能力比一般的大人要弱一些。所以就需要家长的

不断激励和鼓励。我在一本杂志上看过一项调查，是关于"孩子从父母那儿最想得到什么"的。调查有七个选项，其中"得到父母的肯定"居于首位，而"多给零花钱"排在最后。这样的结果，跟很多家长的预期大相径庭。

有两个同龄的孩子，一个会做饭，一个不会做饭。人们问那个会做饭的孩子："你是怎么学会做饭的？"孩子回答道："我上初中的时候，爸爸妈妈经常晚上加班，我就试着去厨房为爸爸妈妈做了一份酱油炒饭和番茄炒蛋。爸爸妈妈回来的时候，夸奖我做的酱油炒饭好吃，番茄炒蛋做得也不错。不过如果酱油炒饭能够少放些酱油，番茄炒蛋里能放点儿糖就更好吃了。"在爸爸妈妈的鼓励下，他开始尝试改进自己的做法，不仅把酱油炒饭和番茄炒蛋做得越来越好吃，还学会了酱排骨、炖肉、炖鱼等。

当人们问起那个不会做饭的孩子，只见他一脸不耐烦地说："我才不做饭呢，我之前也试着做过，好不容易把饭做好了，端到爸爸妈妈面前，他们尝都没尝，上来就是劈头盖脸地把我骂了一顿，说小孩子不好好学习，进什么厨房，切菜伤着手怎么办？煤气泄漏了怎么办？还有你这做的什么啊？我还得重新做！"后来，这个孩子就没再试着做饭了。

我认识的不少妈妈都十分舍得给孩子花钱，却吝啬于说出几句肯定孩子的话语。就像这两个孩子一样，虽然学做饭是一件很小的事情，但是只要爸爸妈妈适时地给予一句鼓励的话，孩子就能不断努力把做饭这件小事做好。

肯定和鼓励孩子的每次努力是有魔力的，会让孩子变得更加乐观自信、不畏艰难，也能够激发孩子的无限潜能。当孩子付出努力后，如果家长用冷漠和批评回应，只会让孩子变得胆小、消极，甚至会埋没孩子的兴趣和才能。

家长对孩子的肯定就像一剂催化剂，让孩子努力的劲头更足。不过肯定孩子也是有技巧的，家长们要特别留意。

你的肯定要"言之有物"，让孩子明白，自己为什么被肯定，也知道自己值得被肯定。有一个妈妈跟我说："我按照你的方法试着肯定我的孩子了,但是我孩子反过来却跟我说'我知道你在骗我'。这是为什么？"因为这位妈妈的肯定没有"言中要点"，没有让孩子从她的肯定中感受到真诚。各位妈妈在肯定孩子的努力时，一定要具体，就像上面提到的"两个孩子做饭"的案例，要让孩子知道自己哪个努力是对的，哪个努力还需要改进。你肯定的是孩子努力的行为，因为肯定的目的就是让孩子的行为得到鼓励，找到通往成功的办法。

"哪怕天下所有人最后看不起我们的孩子，做父母的都应该眼含热泪地欣赏她、拥抱她、称颂她、赞美她，为他们感到自豪，这才是每个孩子的成才之本。"这是一位聋哑父亲在改变女儿坎坷命运时发现的一个奥秘。如果你问我"孩子最渴望什么？"我会告诉你：是你的肯定！

6 当孩子情绪低落时，给他（她）温暖

孩子也和大人一样，有自己的"小情绪"。当孩子情绪低落的时候，妈妈要给他（她）温暖，帮他们疏导不良情绪，找到解决问题的方法。

一天，几个白人小孩正在公园里玩耍，这时，一个卖氢气球的老人推着货车来到公园，白人小孩看见喜欢的氢气球马上跑了过去，每人买了一个，五颜六色的。这时，在公园的角落里，有一个黑人小男孩，正一脸羡慕地看着白人孩子们兴奋地放飞氢气球，也不敢去和他们一起玩耍。

等白人孩子们玩累了回家之后，他才怯生生地走到老人面前，带着恳求的语气对老人说："请问您可以卖一个气球给我吗？"老人用慈祥的目光看着他说："当然可以，你要什么颜色呢？""黑色的，请给我一个黑色的。"老人一脸诧异地看着孩子。

孩子从老人手中接过氢气球，黑色的气球慢慢地飞上天空，在蓝天白云的映衬下形成一道别样的风景。看着一脸期待的孩子，老人轻轻地对孩子说："孩子，气球能不能升起跟它的颜色没有关系，只要气球里充满氢气，它就能升起。这就像人生一样，一个人的成败与种族、出身没有关系，关键还是要心中有自信！"听完老人的话，孩子坚定地点了点头。这个黑人小孩就是后来美国著名的心理医生基恩博士。

面对一个因为种族原因而备受自卑情绪折磨的孩子，老人的话无疑像是冬日里的暖阳温暖着孩子的心，让他重拾自信。

一位幼儿园老师在自己的日记里这样写道：小孩子并不像我们想象中的那样什么都不懂，他们也有情绪低落的时候，这个时候我们大人需要给他们温暖。今天慧慧妈妈送刚入园的慧慧来上学，妈妈走后，慧慧就一个人坐在幼儿园院子里的滑梯上，闷闷不乐的。我走过去问她："慧慧，

为什么不进屋里呀？"只见慧慧一边低着头一边抽泣着，紧接着就大哭了起来。我赶忙搂住慧慧让她趴在我怀里哭，边哭边拍着她的背安慰她说："老师知道跟妈妈说再见是一件很难过的事情，但是妈妈等你放学之后就会来接你了呀！而且，幼儿园里有很多小朋友可以跟你一起玩，我们在这儿边玩边等妈妈来接你好不好？"一边说着，我一边带着慧慧往屋里走，这个时候慧慧的情绪已经稳定了很多，开始和小朋友一起玩耍起来。

这个老师对待孩子情绪低落的做法，就值得很多家长借鉴。

当孩子情绪低落时，接受孩子的难过。那天，小豆回家后，一脸不高兴地说了句："妈妈，我回来了。"然后就自己跑到房间里去了。我看出她情绪里的不对劲儿，就拿了一杯牛奶到她房间里。

谁知，一进屋我就发现小豆在哭。我过去抱着她，安抚着问道："宝贝，出什么事儿了？"小豆一头扎进我怀里哭着说："妈妈，琳琳（小豆在学校里最好的朋友）要转学了。妈妈，我没有朋友了。"

看到哭得伤心的小豆，我一阵心疼，对她说："宝贝，妈妈知道好朋友转校，你很难过，但是琳琳只是转校并不是离开这座城市了，我们还是可以放假的时候去找她玩儿呀！我们现在就给琳琳准备一份小礼物，这周末妈妈带你去看她好不好？"听了我的话，小豆的情绪慢慢平复了，拿出了她最喜欢的画笔，为好朋友琳琳准备起礼物来。

当你接受了孩子的难过，并耐心听取孩子的诉说，就是对孩子的一种理解，可以把温暖传递给孩子。除了语言上的接受，各位妈妈也可以通过拥抱、抚摸、轻拍后背等方式，来安抚孩子激动的情绪，给孩子以温暖和依靠。当孩子情绪稳定之后，再提出合理化的建议，帮助孩子疏导和表达自己的感觉。

孩子和成人一样，都会有情绪低落的时候。考试没考好、和同学闹矛盾、被老师批评等都会让孩子情绪低落。当孩子情绪低落时，家长切忌有以下几个态度，因为这些态度只会让孩子的情绪更加糟糕。

"我早就提醒过你了,上课不要走神,你看被老师批评了吧!"——教育、训斥的态度。

"你平时不是挺能的吗?能吃吃、能玩玩,为什么偏偏到了学习上就不行了?"——冷嘲热讽的态度。

"不就是被老师批评了吗?有什么大不了的,没什么值得垂头丧气的!"——轻描淡写的态度。

……

各位妈妈应该善待情绪低落的孩子,给他们温暖的关怀,帮助他们走出困惑!

7 不要动不动就夸别人的孩子

米兰·昆德拉在小说《生活在别处》中写道：生命中不能承受的，不是存在，而是作为自我的存在。对于很多孩子而言，生命中不能承受的，却是别人家孩子的存在。

"从小我就有个宿敌叫'别人家的孩子'。他（她）就像神一样地存在！他（她）从来不玩游戏，不聊QQ，不喜欢逛街，天天就知道学习。他（她）长得好看，性格又听话又温顺，特别听爸爸妈妈的话，功课门门第一，从来不让家长操心！我的妈妈恨不得'别人家的孩子'就是她自己的亲孩子！"

很多人小时候，身边都有个让人讨厌的"别人家的孩子"！当他们长大成人，为人父母之后，又开始用"比"的方法培养自己的孩子。

有这样的两个妈妈，她俩从小就是邻居、是同学，从小就喜欢暗地里较劲，是被妈妈们"比"着长大的。后来，两个人长大了，结婚生子了，孩子又恰巧是同龄人，还在同一个班级里读书，这下，两个孩子就成了妈妈最爱比较的对象。"静静，你这次数学怎么又没考过楼上的囡囡？""囡囡，你的英语作文是怎么回事，每次都没有静静写得好！"……每次回家，妈妈们先问的都是别人家的孩子考试如何如何，成绩怎样怎样。一听到对方的成绩超过自己孩子了，就一脸不高兴。有一天，静静终于受不了了，大哭着对妈妈吼道："囡囡那么好，你为什么不让她当你女儿？"静静妈妈当时就愣在那里了。

在自家孩子的面前夸别人家的孩子，妈妈们的想法其实很简单，只是想通过"比较"让孩子认识到自己的不足，有一个努力的对象，希望自己的孩子好上加好。殊不知，"没事儿夸夸别人家孩子"，甚至拿别人家孩子的优点去跟自己家孩子的缺点比较，有时候会让孩子很受伤，会伤到他们那颗娇嫩的自尊心。

小豆虽然年纪还小，不过因为性格乖巧，学习成绩也不错，在同龄的孩子里面也算是比较优秀的。有时朋友相互交流一些教育孩子的经验，有的朋友就会当场拿小豆的优点去批评他们自己孩子的缺点，甚至当众数落自己的孩子。每到这种时候，我都会制止。一方面，当着孩子的面夸小豆，数落别的小朋友，很容易影响到小豆和小伙伴的友谊；另一方面，我教育孩子有一个原则，那就是：不会没事儿总在自己孩子面前夸别人的孩子，更不会在别人孩子和家长面前，用人家孩子的优点来批评自己的孩子。

有一次带着小豆去逛街，在商场恰好遇到了一个好朋友，她带着十几岁的儿子。出于礼貌，我询问了几句孩子的情况。谁知，我话音还未落，朋友就开始数落起了自己的孩子："这孩子一天到晚就知道淘气，学习一点儿也不用心。还是有个女儿好，贴心又听话，你看你家小豆多好啊！"话音刚落，就见小男孩飞起一脚，踢走了脚边的一只空瓶子。

从孩子的角度看，他觉得妈妈当着外人的面揭自己老底儿，还被妈妈说"儿子不如女儿好"，他为了发泄自己的不满，所以踢飞了脚边的瓶子。对大人而言也许不算什么，而孩子会觉得不被尊重。在孩子小小的心灵里，妈妈应该是最疼爱他们的人，一旦听到妈妈夸别人家的孩子，就很容易产生妈妈不爱自己的错觉，产生很强的失落感。

当然，各位妈妈也不要在孩子面前贬低别的孩子，因为一个有良好修养的人，是不会贬低别人的，因为贬低别人，就是贬低自己。总是在孩子面前贬低别人的人，往往有一个共同的毛病：眼高手低。看不上别人或者别人家孩子，其实自己也不怎么样，或者更不怎么样。

8 借助别人的话来夸奖自己的孩子

别人的夸奖有的时候比妈妈的夸奖更容易让孩子感受到正能量。妈妈教育孩子的"小心机"：可以借助别人的话来夸奖孩子。

有一位心理学家曾经这样说："抚育孩子没有其他窍门，只要夸奖他们。当他们把饭吃完时，夸奖他们；画了一幅画之后，也夸奖他们；当他们学会骑自行车时，也夸奖他们、鼓励他们。"

"我能够靠一个好的赞美生活两个月。"马克·吐温曾这样说过。赞美的力量是无穷的，但是如果是转述第三个人的夸奖，孩子会更容易从中感受到认同感。

茵茵是个性格内向的孩子，在她还小的时候，爸爸就在一起交通事故中去世了，她从小就跟妈妈生活在一起。父亲的离世加上本身性格内向，茵茵很少和班里的同学谈笑，学习成绩也只是班级的中等水平。有一次，茵茵妈妈带着茵茵去参加一个剪纸活动。这个活动请来了一位美国的老爷爷作为嘉宾。

茵茵很小心翼翼、很认真地剪着一对蝴蝶，这个时候，美国老爷爷来到了茵茵面前，用英语和茵茵妈妈交流了起来。茵茵听不懂妈妈和老爷爷在说什么，但是老爷爷走到了她面前，她明显紧张了许多，手开始抖了起来。妈妈看到茵茵颤抖的双手，微笑着对茵茵说："宝贝，你知道刚刚老爷爷在说什么吗？"

看茵茵摇了摇头，妈妈继续说："他一直在夸你是个很手巧的孩子，做的蝴蝶剪纸非常漂亮。他还说希望你能够把完成的剪纸送给他，他想带回美国去。"茵茵一听开心地笑了起来，最后她的剪纸获得了当时活动的第一名，是美国老爷爷亲手给她颁的奖品。

颁奖之后，美国老爷爷又跟茵茵妈妈说了些什么。等老爷爷走后，茵茵迫不及待地问妈妈："妈妈，爷爷说了些什么啊？"茵茵妈妈回答道：

"他说,这么手巧的孩子学习成绩一定不错,将来肯定有出息。"那天活动结束回家后,茴茴一脸坚定地对妈妈说:"妈妈,我以后一定好好学习,把成绩搞上去。"

茴茴一直学习成绩中等,性格在同学当中也不是出彩的一个,很少得到老师的夸奖。而她的剪纸却意外得到一位来自美国老爷爷的夸奖,还把她的作品带到了美国,这让茴茴感受到了成就感。正是别人的一句夸奖和肯定,让茴茴体验到了成功的快乐。

"今天,你们班主任告诉我,你表现得很好,今天还主动帮老师发作业了。"借了老师的话夸了儿子后,妈妈惊喜地发现,儿子在学校的表现越来越好,现在早上不用妈妈喊,儿子就可以自己起床并穿好衣服了。

"刚刚来咱家做客的陈叔叔夸你非常有礼貌。"被夸了的女儿,之后总是十分小心地维持这种赞美,并且养成懂礼貌的好习惯,每次将客人送到门外,都会说:"再见,请以后再来玩。"

被夸奖是一件很荣耀的事,尤其是被家人以外的人夸奖,孩子会感到特别开心和幸福。试想一下以下两种情形:第一种,有一天你的同事告诉你,"昨天,我遇到××,聊起刚买的吊带裙,她提起你,说你身材高挑特别适合穿吊带裙。"第二种,你的同事直接告诉你,"我觉得你身材高挑特别适合穿吊带裙。"哪一种情况会让你更开心呢?我想大多数人的答案都会是第一种吧。

有的时候直接夸孩子,孩子可能会没感觉或者是感觉不自然,但是转述别人的夸奖,话语的可信度会高一些,就会让孩子感到更加高兴。

9 把乐观的心态传递给孩子

狄更斯说："一个人的阳光心态，比一百种智慧更有力量。"妈妈们给孩子传递乐观的心态比给孩子传授多少知识都有用！

在开始这一小节之前，先给各位妈妈讲一个故事。有两个秀才进京赶考，正好遇到了丧葬队伍。一个秀才心里"咯噔"一下，心情瞬间一落千丈，暗自叫苦道："哎！真是触霉头！这兆头太不吉利了，还考什么呀？肯定考不上啊！还是明年再来吧！"说着，就决定放弃考试机会，直接回乡去了。另一个秀才却喜出望外："哎呀！棺材，棺材，升官发财啊！好兆头！好兆头！"心态积极乐观的他，一进考场，立刻文思泉涌，果然一举高中。

孩子的成长就像两个秀才进京赶考一样，对于困难是用乐观积极的心态面对，还是用悲观消极的心态面对，结果是截然不同的。孩子如一棵努力生长中的小树，而家人和老师对他们传递的积极心态就像是灿烂的阳光一般，让他们能够茁壮成长。

20世纪80年代初，美国曾经举办一场国际少年游泳赛。当一位澳大利亚的小姑娘被记者问及比赛结果会是怎样时，她回答说："我有一个感觉，今天将会出现一个世界纪录。"结果，在那天的100米和200米自由泳比赛中，她连续创造了两个世界纪录。这就是乐观积极心态的力量！

想要给孩子传递乐观的心态，家长首先要有积极的心态。没有积极心态的妈妈，是很难培养出乐观向上的孩子的。试想一下，一个妈妈整天抱怨工作辛苦、生活困难，总是牢骚满腹、怨气冲天，孩子是很难从她们的身上感受到乐观向上的心态的。

我曾经看过一篇文章，当时就被文章里的那位乐观积极的妈妈感动了。

这位妈妈第一次参加孩子幼儿园的家长会，老师对她说："你的儿子有多动症，在板凳上连三分钟都坐不了。你最好带他去医院看一看。"回家的路上，儿子问这位妈妈："妈妈、妈妈，今天家长会老师都说了什么呀？"

这位妈妈想了想，笑着对儿子说："宝贝，今天老师表扬你了呢，说你原来在板凳上坐不了一分钟，现在能坐三分钟了。其他的妈妈都羡慕我，因为全班只有你进步了哦！"那天晚上，儿子破天荒地吃了两碗米饭，也没有让妈妈喂。

后来儿子上了小学。在一次家长会上，老师说："这次期末考试，全班一共50名学生，你儿子考了第49名。"回到家，儿子一直低着头，不敢看妈妈的眼睛，这位妈妈却对孩子说："今天家长会上，学校老师对你充满信心，说你并不笨，只是不仔细，只要你仔细一些，一定可以超过你的同桌的。"此话一出，儿子原本黯淡的眼神一下子被点亮了，沮丧着的脸他瞬间舒展了许多，马上眼神坚定地回屋写作业了。

后来儿子上了初中，又一次家长会，这次老师并没有批评儿子，而是告诉她："按孩子现在的成绩，考一般高中没问题，只是重点高中有些危险。"在放学的路上，这位妈妈一脸欣喜地告诉儿子："你们老师对你非常有信心，说只要你努力，很有希望考上重点高中。"

现在这个孩子已经高中毕业，并且拿到了清华大学的录取通知书。当他拿回通知书的那一刻，儿子抱住妈妈说："妈妈，我一直知道，我不是聪明的孩子，是您……"

这位妈妈的成功之处，就是一直给儿子传递正面的信息和乐观的心态，十几年如一日地呵护着孩子的自尊心，提升他的自信心。试想一下，这个孩子如果从小就被"我很笨""我不行"的思想和言语充斥着，就很难有之后的优秀表现。

心态的好坏，是积极还是消极，会直接影响孩子的成功与否。行为心理学告诉我们:当一个人有了一种心态或信念之后,就会把这种心态或信念付诸行动。而这种行动,又会反过来影响这种心态或信念,因而形成一种循环状态。就像这个故事里的孩子一样,孩子妈妈一直给他传递一种"我一定可以很优秀"的积极信念,于是,有了这个信念的鼓励,他的学习热情、信心和主动性都高了不少,最后,考入了清华大学。

第七章 遇见孩子，遇见更好的自己

1 遇见孩子，遇见更好的自己

没有天生的好妈妈，只有和孩子一起成长的好妈妈。教育孩子的过程，其实也是妈妈们自我成长的过程。

朋友的妹妹怀孕七个月了，有次去朋友家做客，恰巧她也在，几个女人就肆无忌惮地聊起天来。朋友妹妹突然沉默了一下，然后对我们说："宝宝马上就要出生了，我还没有做好准备怎么办？我真的能当好这个妈妈吗？我妈总是说我还是个孩子，将来我在孩子面前真的能表现出最好的自己吗？"

朋友妹妹的担忧和迷茫，我想很多初为人母的朋友都有过。刚生小豆的时候，我也不知道自己究竟应该如何当好这个妈妈，能不能当好这个妈妈，甚至也曾经把自己"丑陋"的一面展现给了小豆。在小豆成长的过程中，我也成长了。

那会儿小豆还很小，也就一岁多的样子，有一天，她突然间对墙上的电路盒盖感兴趣了。踩在沙发的边沿上非要打开电路盒盖子。我一方面怕盒子真被打开了，里面的线路会漏电；另一方面我也担心她从沙发上摔下来。就对她说："小豆，妈妈有没有告诉你，这个有电，很危险，不能玩。"因为着急，嗓门高了一些，脸色不好了一些，小豆就一脸诧异地看着我。但是却依然站在沙发边沿上，把手放在电路盒盖上，并不打算拿下来，好像跟我较劲一样。

过一会儿，她看我马上就要发火了，突然瞪着大眼睛对我说："妈妈，你扁嘴时的样子好丑啊！"

"我那是在生气！"

"妈妈你生气的样子很丑，以后不要生气了！"一边说，一边还模仿我的样子，然后慢慢地从沙发上走了下来。

看着小豆的一连串举动，我一下就笑了。从那以后，我就学会尽量控制自己的急躁和焦虑情绪，每次想要发脾气时，就先深呼吸，冷静几分钟。

我把自己和小豆的故事讲给朋友的妹妹听，告诉她，其实一开始我也不知道要如何教育孩子，就是在不断的摸索中，和小豆共同成长的。

"对，说白了，咱跟孩子的关系就是'高年级学姐'遇到了'低年级学妹'，没有谁高于谁，而是一同成长。"听了我的故事，朋友补充说道。

做妈妈不容易，要知道孩子冷不冷、热不热、饿不饿、渴不渴，教会他们生存技能，还要避免养出一个无法无天的熊孩子，确保他们懂礼貌、讲文明、识大体。孩子在自己的眼皮底下，我们需要担心他们是不是沉迷于电子产品、不好好学习了；离开了我们的视线，又要担心他们是不是安全、有没有被欺负。

但是，在我看来做妈妈不容易，做一个孩子喜欢的好妈妈更不容易。之前看过一项研究，总结的是孩子最不喜欢的几种妈妈：爱打麻将的妈妈、不修边幅的妈妈、爱吵架打人的妈妈、为了一角钱讨价还价半个小时的妈妈、孩子生病时不在家的妈妈、爱唠叨什么都管的妈妈、不会做饭的妈妈、乱花钱的妈妈、吝啬的妈妈、一问三不知的妈妈、不好玩的妈妈……

看过之后，我才发现，原来孩子对妈妈也有这么多需求。想要做一个孩子喜欢的好妈妈，就需要和孩子共同成长。孩子的成长是一个过程，对于家长也是一个成长的过程，从自身的完美成熟，到敦促孩子的健康成长，这是一种责任，更是一种成长进步。

在和小豆共同成长的过程中，我总结出了54字经验，在这里与大家分享。

多疼爱，少溺爱。多陪伴，少放任。多沟通，少发火。

多理解，少责骂。多鼓励，少打击。多积极，少消极。

多赞美，少贬低。多身教，少说教。多学习，共成长。

2 把好的价值观传递给孩子

一位妈妈最大的责任是给她的孩子根和翅膀,告诉他们自己来自于哪里,然后让他们自己翱翔天际。所以,妈妈们都有给孩子传递正面、积极的价值观的责任。

美国电影《阿甘正传》感动了很多人。智商生来低于常人的阿甘,却成功地谱写了一首绚丽多彩的人生之歌。在阿甘成功的背后,是母亲对他传递的积极向上的价值观。

电影里的阿甘自幼腿部残疾而且智商低下,小镇上的人都用异样的目光看待他,只有两位女性真正地关心、爱护他:一位是给予了他伟大母爱的母亲,一位则是以纯真的少女情怀温暖着他的心的珍妮。在阿甘母亲心目中,阿甘不是负担,而是上天对她的馈赠,她倾尽全力抚养阿甘。面对智力上有缺陷的儿子,这位平凡而伟大的妈妈,总能想到办法找到最通俗易懂的语言让他明白生活中的一些正确的价值观。

"生活(生命)就像一盒巧克力糖,你永远不知道你会拿到什么滋味的。"当这位单身妈妈含辛茹苦将智力有缺陷的儿子培养成一个值得人们尊敬的人之后,在她临终之前,她和儿子作了最后的告别,她告诉儿子,对于明天,没有谁又能预料到一切的一切,我们要做的就是:接受即将发生在自己身上的一切事情,同时用发现惊喜和幸福的天赋让生活变得更加精彩。

诚实、宽容、自信,这是我们所恪守的价值观。全天下的母亲都希望将这些好的价值观同样传递给自己的孩子,就如同阿甘的母亲一样,一直用正面的、积极的价值观激励着阿甘走向成功。

在孩子八岁之前,已经开始慢慢建立自己的世界观了。身为母亲要特别注意给孩子传递正确的价值观。然而现实情况中,大多数妈妈都把关注的重心放在孩子的学习上,他们觉得"孩子长大了,那些道理自然而然会懂得",其实,如果一开始没有将正确的价值观深埋在孩子的心中,那些你以为他们会懂的道理，他们最终都不会懂。

孩子价值观的形成，父母的榜样作用至关重要，这种影响是在无意识中产生的，其作用也最直接、最深刻、最持久。孩子的价值观往往是父母价值观的缩影，孩子认为父母的一切言谈举止都是正确的，就会悄悄地模仿他们，模仿他们走路说话、待人接物，模仿他们对事物的看法，无论好坏都照单全收。

每次看完报纸，小强的妈妈都会将报纸随手一扔，扔在沙发、茶几上，从来不会注意把报纸折叠整齐之后放回书架上。脱下来的衣服、鞋子，买回来的东西，也从来都是随手一扔。结果小强也有样学样，画完画或玩完玩具，从来不会把它们收拾规整好，从来都是床上、地上、桌上随处乱扔。面对家里的残局，妈妈常常是一边收拾一边提醒小强："这件东西你从什么地方拿来的，玩儿完以后还要放回原来的地方。"可是小强却很不服气，妈妈看完报纸、脱了衣服都不会拿回到原处。"妈妈都不那样做，凭什么我要这么做！"小强一边想一边自言自语道。

显然走到哪儿把东西扔到哪儿、不知道收拾，这笔"账"应该记到妈妈身上。正是她随手乱丢东西、不收拾的做法，给孩子做了坏榜样，传递了错误的信息，才会让小强变得"无序""缺乏自理"和"把责任推给别人看成是理所当然"。

父母传递给孩子的价值观，决定着孩子将来会成为一个什么样的人，将会走什么样的道路。坚强、自律、勤奋、好学、敬老、爱幼、同情、关爱、负责、尽职、有理想、有抱负……这些我们希望孩子成为的样子，都需要好的价值观来指引。

3 或许你有点舍不得孩子告别依赖

孩子行为上的不独立,其实是家长心理上的不独立的一种体现。

小豆刚上小学的时候,学校为了让孩子更加独立,组织所有一年级的孩子到郊区夏令营,一周的时间,老师带队,家长不允许随行。孩子第一次离开自己的视线,去郊区参加一周的夏令营,他们自己是很兴奋,却苦了孩子的家长们。

当然学校也考虑到家长们的心情,给大家组建了一个微信群,带队老师每天下午都会往群里发孩子们参加活动的照片,让家长们放心。从这个群建立开始,群里每天都很热闹。

郊区那边蚊子是不是很多啊,我家孩子只要有蚊子就一定睡不好!

我家孩子最挑食了,吃不惯大锅饭,会不会饿着啊?老师可不可以给他单独准备饭菜?

夏令营宿舍的条件怎么样啊?孩子从来没有在家以外的地方住过,会不会睡不着?

我家孩子很怕黑,晚上必须得开灯睡觉,要不然睡不着!

我家孩子从来没自己洗过衣服、袜子,这几天怎么过啊?

……

有些妈妈因为孩子出去的这一周都担心得生病了。

家长们不放心孩子,大多是因为孩子的独立性和自理能力差。而这一切更多源于家长不舍得孩子告别依赖。

"这孩子从小就是我带大的,为什么现在一点儿都不依赖我。"鑫垚妈妈跟我抱怨道。鑫垚小时候就喜欢黏着妈妈,从早上起床开始,无论是吃饭散步、穿衣洗澡都离不开妈妈。很多明明力所能及的事情,他非要让妈妈替他做不可。鑫垚妈妈虽然表面上抱怨累,但是心里还是乐开了花。在她看来，儿子与自己非常亲近，她觉得很幸福。自从上了小学，准确地说，自从孩子爸爸把他送到寄宿学校，鑫垚开始慢慢变得不一样了，他学会了自己吃饭、穿衣，也不再喊着妈妈哄自己入睡，这让鑫垚妈妈有欢喜也有失落。

妈妈们总是抱怨宝贝一刻也离不开自己，简直就是自己的"跟屁虫"。其实她们没有意识到，孩子的依赖心理其实是自己不舍得他们告别依赖造成的。

孩子过分依赖父母坏处多多。长大后，孩子很容易缺乏主见、缺乏独立性，当面对自己的重要事情时，习惯依赖别人为自己做出决定。有几种妈妈很容易造成孩子的依赖心理。

（1）超人妈妈

这类妈妈就像是超人一样，孩子遇到任何困难，她都会第一时间出现帮他们解决问题。薇薇就有一个超人妈妈，有一次，薇薇最喜欢的芭比娃娃找不到了，她一着急就哇哇大哭起来，薇薇妈妈一下子就着急了，赶紧来个地毯式搜索，把家里都翻了一遍，只为帮薇薇找到娃娃。虽然最后找到了，可是薇薇却越来越娇惯，只要找不到东西，就又哭又闹地让妈妈给她找，找不到，就再买一个给她。

（2）马上到妈妈

这样的妈妈每天24小时候着自己的孩子，只要孩子需要，就马上出现在孩子身边陪伴着他（她）。孩子要什么东西，也会马上满足他（她）。

（3）无微不至妈妈

这样的妈妈对孩子的照顾太周到了，什么都会替孩子想好。元元就有一个无微不至的妈妈。平时上学，妈妈都会提前帮他把书包收拾好，检查作业有没有带、午饭有没有带、课本有没有带。有一次，元元妈妈出差了，妈妈就给元元留了个纸条，告诉他上学需要带什么，让他检查一下。谁知，习惯了妈妈为自己解决一切的元元，根本没把妈妈的纸条当回事儿。结果就因为上学没有带作业，被老师狠批了一顿。

我之前看过这样的一个故事：美国有一个中学生毕业之后没能继续升学，想向自己的母亲索要一笔钱，去闯荡出一番事业。万万没想到的是，母亲非常"吝啬"，只给了他五美分。这位中学生非常失望，这个时候母亲对他说："你可以利用这五美分买一份报纸来看，我不相信一个中学毕业的年轻人，在报纸上的求职广告里找不到一份工作。"母亲的话激励了这个中学生，在母亲的鼓励下，他果然找到了一份工作。在职场的摸爬滚打中，他最后成为了一位著名的实业家。之后这个年轻人回想起自己的奋斗史时，也不由得感叹道："感谢我的母亲，放手让我去谋生、去独立地闯荡。如果母亲当时给我一大笔钱，我现在可能还是在依赖着她，不会成长起来。"

美国家庭里，家长们都十分重视培养孩子的独立能力，让他们告别依赖。比如：在孩子还在襁褓中时，孩子就跟父母分开睡，睡在围有栏杆的小床上，父母只在半夜起来照看一下。长大一些就独居一室。等孩子再大一些，需要开始自己吃饭的时候，就让他们坐在一把专用的高靠背椅子上，让他们自己用小刀叉、用小手吃饭，爱吃多少就吃多少。在孩子还很小的时候，就让他们认识到劳动的价值，不仅要让他们自己打扫房间、修剪草坪、修理自行车，还要让他们去参加义务劳动。

孩子过分依赖父母和家庭环境及家庭教育有着密切关系。家长不舍得让孩子告别依赖，事事为孩子做决定，会打击孩子的积极主动性，让他们失去独立性，也失去了勇敢尝试的机会，久而久之孩子就会形成过度依赖的性格。想让孩子早日摆脱依赖，各位妈妈们可以借鉴美国家庭的经验。

（1）让孩子学会自立

起床、穿衣、收拾书本不再代劳，学会自己整理被褥，洗自己的袜子等。

（2）经常带孩子外出旅游

龙应台说过："上一百堂美学的课，不如让孩子自己在大自然里行走一天；教一百个钟点的建筑设计，不如让孩子去触摸几个古老的城市；讲一百次文学写作的技巧，不如让写作者在市场里头弄脏自己的裤脚。"不同的环境能够增长孩子的生活经验，不妨让孩子试着规划游玩的内容，培养他们解决问题的能力。

（3）为孩子买一盆植物

让孩子自己亲手栽培一株植物，就像照顾一个孩子一样。在给植物浇水、松土的过程中，不仅能锻炼他们的责任心，还能提高他们的观察能力。

（4）给孩子讲励志故事

用儿歌、故事的形式，给孩子树立榜样，鼓励孩子做一个独立、自信的人。

孩子行为上的不独立，其实是家长心理上的不独立的一种体现。想要真正让孩子独立，我们家长就要先让自己从内心放开他们，这样，孩子自然就会独立地创造属于自己的人生。

4 孩子有怎样的童年，就会有怎样的人生

每个人都有童年，每个人的童年都各有不同。童年看似无关轻重，却铺垫了孩子整个人生的基调。孩子有怎样的童年，就会有怎样的人生。

童年决定了孩子人生的底色！有的孩子，他（她）的童年是彩色的，长大后即使偶尔有灰暗，也依旧光彩夺目；有的孩子，他（她）的童年是灰色的，他（她）的人生即使有浓墨重彩的多少笔，依旧改变不了那灰暗的底色。

天王巨星迈克尔·杰克逊的一生充满了传奇色彩，他富有、才华横溢，但是却仍旧有人说："他的一生其实是悲剧的一生。"事实上，迈克尔·杰克逊的悲剧就始于他的童年。迈克尔·杰克逊从五岁开始登台，少年成名的他成为家庭的摇钱树。但是功成名就的背后却是整个童年的丧失。他在创作歌曲《童年》时写道："你见过我有童年吗？"

迈克尔·杰克逊一生中的许多谜团都能从他的童年经历中找到答案。比如拥有巨大财富，却因不会管理和使用而导致债台高筑；比如依赖药物自我麻痹；比如疯狂地迷恋整容。他的一生都在寻找丢失的童年，然而却发现，即使住在犹如儿童乐园般的"梦幻庄园"中，也找不回童年时的梦。

迈克尔·杰克逊曾经这样描述他的一次登台经历："一次我去南美登台，当准备开车时我躲了起来。因为当时的我实在不想登台，我只想玩。小时候，我经常遭受父亲的毒打，我也非常害怕父亲，只要父亲瞪我一眼，我就会吓得魂飞魄散。最夸张的是，有次父亲来看我，我就开始恶心，甚至开始作呕。"显然，童年的缺失，给他的心里留下了病根。

与迈克尔·杰克逊一样，活在童年阴影下的还有影星张国荣。年幼时缺少父母的关爱，父母婚姻的不和谐，让年幼的张国荣深感婚姻之不

可信任。"婚姻是一种无形的负累"这是成年后的张国荣时常挂在嘴边的一句话。

童年时期的孩子，个体求知欲最旺盛，对外部环境的刺激最敏感，可塑性最强。同时，这个时期的孩子也最脆弱、最容易受到伤害。每个人成年后的个性特征都是在他（她）的童年时期形成的，并影响着他（她）的一生。就像迈克尔·杰克逊和张国荣一样，他们在成年后的各种行为特征和处事方式都能在他们的童年经历中有迹可循。

其实，我们身边很多人性格上的小缺陷都可以追溯到童年。我的一个朋友之前跟我讲过，说自己现在一遇到事情就六神无主，没有主见的性格，就是源于童年时候父母对她的不当教育。童年时期的她无论是在学习还是生活中永远都有一个"别人家的孩子"。"你看别人家的孩子多能干呀，再看看你！""你看人家××学习多好啊，你看你的成绩怎么总提不上去？""你看人家××这次钢琴比赛又得奖了，你怎么就是弹不好？"……

每次，她刚有一点儿想要上进的念头，就被父母打击得没有了。只要考试成绩不理想，等待她的永远都是劈头盖脸的一顿训斥，到现在，只要别人一对她发脾气，她的第一反应就是哭。有一次，她在公交车上遇到了一个脾气很蛮横的大姐，明明踩了她的脚了，还把她臭骂了一顿，朋友当时就傻眼了，竟然没控制住就哭了。朋友告诉我，到现在回想起那个场景，她还会暗自觉得自己没出息。

朋友自卑、爱哭的性格可以追溯到童年时期的经历。父母一次次的否定把她的自尊心和自信心一点点吞噬，渐渐地让她失去了自我，于是，成年后的她就变得毫无主见、遇事慌张。

所谓"三岁看大，七岁看老"，孩子有怎样的童年，就会有怎样的人生。作为家长，要给孩子的不仅仅是丰富的物质世界，还需要给他们精神世界的满足。

（1）为他们营造一个温馨的氛围

这个我深有体会，小时候有段时间家里比较困难，父母经常吵架，那段时间我的心情也跟着跌到谷底，成绩下滑得很厉害。后来，父母的关系调和了，原本那个温馨的充满爱的家又回来了，我的心情才慢慢变好了。

（2）给孩子多一些亲子时间

迈克尔·杰克逊和张国荣都是因为缺少父母的关爱，才影响了他们成年后的性格。即使再忙也要抽出时间和孩子一起享受亲子时间，哪怕只是一起读读书、一起玩简单的游戏，那也是一件幸福的事情。

（3）准备一个本子或相册记录下孩子的瞬间

童年对于每个人来说都是最独特的，是每个人最青涩也是最珍贵的回忆。妈妈们可以专门准备一个相册或日记本，记录下孩子成长的点点滴滴，以及家人与孩子在一起的快乐时光。随着孩子的长大，可以把这些记录拿出来一起回忆，还能跟朋友们一起分享，也能让孩子感受到家庭温暖的爱。

（4）多带孩子出去走走

"世界这么大，我想去看看。"世界这么大，也带孩子多去看看。我们办公室有两个新来的小伙子。一个小伙子从小爸爸妈妈就带着他出去旅游，走过了很多地方，感受了不同地方的风土人情；而另一个小伙子的爸爸妈妈因为比较忙，很少带他出去玩。两个小伙子在见识上就有明显的差异。经常出去玩的小伙子，明显懂得更多一些，也更健谈一些。

孩子就像乡间随处生长的小草，随心所欲，生机勃勃；成人就像温房的花朵，虽在生长，却不像乡间小草那般随心所欲。普天下的妈妈都希望自己的孩子长大成为一个有用的人，一个高尚的人，一个纯粹的人，那么就给他（她）一个快乐而有意义的童年吧！

5 不溺爱、不盲爱、不狭隘

母爱是人世间最真挚最无私的感情，但是要小心你的爱变成溺爱、盲目的爱、狭隘的爱。妈妈对孩子的错爱是一种毒药。

一只母猫产下了六只小猫，那是一个饥饿的年代，食物贫乏。母猫能够找到的食物有限，但是六只小猫又需要吃奶。随着小猫一天一天地长大，母猫一天一天地变瘦，瘦得十分可怜，走起路来都东倒西歪的，已是一副皮包骨的样子。

有一天，母猫捕捉到一只大老鼠，叼回来喂小猫。六只小猫一扑而上，很快这只老鼠的肉和内脏就被吃得精光，只剩下一张毛茸茸的鼠皮不吃，几只小猫在拖着玩耍。母猫一直在旁边看着它的孩子开心地取食，它知道孩子们不吃剩下的毛茸茸的鼠皮，于是走过来一口将鼠皮吞了下去。

母猫真的太饿了。

看完了这个故事，我沉默了许久。这就是母爱，无私而伟大的母爱。

妈妈对孩子的爱是人世间最真挚最无私的感情。但是，并不是每一位妈妈都懂得如何正确地爱自己的孩子。"爱孩子有多难，这是连老母鸡都知道的事情。"一位朋友曾经这样对我说道。其实，爱孩子并不像老母鸡护小鸡那般容易，它就如同灌溉田地，并不是每一个爱的耕耘，最终都能结出丰硕的果实。相反，错误的爱还有可能事与愿违。

一次去学校接小豆放学回家，在路上听到一个小男孩骄傲地对另一个小男孩说："从小全家都护着我，我提什么要求爸爸妈妈、爷爷奶奶几乎都能满足。如果不能马上满足我的要求，我就学孙悟空大闹一通，他们拿我没办法，最后还是得满足我。"

从孩子的话中明显可以听出，他是在一个被溺爱的环境中长大的。现在很多家庭都是独生子女，父母把孩子视作"小皇帝""小公主"，倾尽毕生心血来培养他们。爱本身没有错，孩子的成长尤其需要爱的呵护，但是爱过了就是毒药。比如：替孩子洗衣服，帮他们穿鞋子，喂他们吃饭，送他们上学，对他们的要求（有的时候是无理的要求）全部妥协……渐渐地，孩子就会丧失独立生存的能力，一旦走上社会，便束手无策，只能坐以待毙。孩子毕竟不会一直生活在父母的"树荫"下，想要孩子健康成长就必须要让他们经历些风雨。溺爱只会让他们慢慢沉沦。

曾国藩在教育孩子的时候只用了五个字：书蔬鱼猪竹。他特别反感孩子们睡懒觉，要求赶紧起床读书、种菜、养鱼、喂猪、种竹子去。女孩子还要纺线、做饭、洗衣，家务事自己做。这其实并不是不爱自己的孩子，而是不用溺爱毁了孩子，让他们用勤奋保持向上的精气神。

小船在茫茫大海中如果失去了导引的灯塔，就会找不到前进的航向，随时都有触礁沉没的危险。孩子的心灵是纯洁无邪的，父母给孩子传递了错误的、片面的价值观，很容易让孩子纯洁的内心沾染上不正之风，这样教育出来的孩子是很难成为栋梁之材的！

除了溺爱、狭隘的爱，父母对孩子盲目的爱也是要不得的。之前看过央视的一个访谈节目，里面的一个嘉宾讲过这样一句话："中国父母最爱孩子、最重视子女教育，但在这两个方面，中国父母存在着最多的误区，一是对孩子重物质轻精神；二是打造全才，拔苗助长，高考至上；三是成绩之外，无限包容，不讲是非。"这位嘉宾谈到的，其实就是父母对孩子的一种盲目的爱。

在溺爱、盲目的爱、狭隘的爱中成长的孩子，往往情感脆弱、承受挫折的能力差、生活自理能力差、缺乏责任感。一味迁就、纵容与溺爱，不是爱，而是一种伤害。如果说孩子是一张白纸，家长就是这张白纸的第一个绘制者。为了给孩子描绘出更好的未来，妈妈们可要学会适当放手，给孩子健康的爱！

6 让孩子成为幸福家庭的共建者

家教源于家庭。孩子是家庭中的一员，让孩子成为幸福家庭的共建者，这其实是顺理成章的事情。要让孩子感受幸福家庭生活中蕴含的无穷力量。

小豆还只有两岁半的时候，我就试着让她参与家庭事务。春节前，家里大扫除，准备辞旧迎新，大人们都在忙碌，小豆也没闲着，自己也要加入到家庭大扫除当中。于是，小豆也干起活来了。"小豆，给妈妈递块抹布过来！""小豆，帮妈妈把这个扔到垃圾桶里。""小豆，把这个东西拿给你爸爸，好吗？"两岁半的小豆乐此不疲地在屋子里窜来窜去。

中午吃饭的时候，她还主动提出来要帮我摆放碗筷。我就问她："小豆，那你数数家里一共几个人吃饭，需要几副碗筷呀？"小豆很认真地数着指头道："爸爸、妈妈、爷爷、奶奶，还有我。妈妈，一共五个人，给我五副碗筷。"我把碗筷准备好，她就开始一趟一趟地搬运着。吃饭前，她很自豪地对爷爷奶奶说："爷爷奶奶，今天的碗筷是我摆放的哦！"小豆骄傲的表情，逗得爷爷奶奶哈哈大笑。

不少妈妈都认为孩子小，不懂事，不应该参加到家庭组织管理中。等孩子再大一些的时候，又觉得孩子应该以学业为重，不应该因为家庭琐事耽误了学习。这其实是一种非常缺乏远见和教育意识的表现。家庭教育本来就是在家庭日常生活中进行的一种教育，脱离家庭生活内容，单靠说教，效果肯定不好。家庭的生活琐事不仅不会耽误孩子的学习，相反还会让孩子更有责任感。

有一段时间，小豆外婆生病了，我医院、家里、公司三头跑，忙得不可开交。因为事情来得比较突然，一直都没有找到机会和小豆详细地说明外婆生病的事情。

小豆只是知道外婆生病了，妈妈现在很忙。有一天，在给小豆做早餐的时候，小豆跑到我面前突然跟我说："妈妈，我可以跟你说一件事情吗？"

我一边忙着手里的事情，一边跟她说："怎么啦，宝贝？"

"妈妈，我知道外婆最近病了，我现在已经放暑假了，我觉得我可以帮你做些什么！"听到小豆带着笃定的话，我放下手里的事情，压抑着内心的无比激动，把整个事情都跟她详细地讲了一遍。听后，小豆跑到自己的房间里，换好衣服，就说："妈妈，你带我去医院吧，我可以去陪姥姥聊聊天！"

"小孩子就是小孩子，懂什么？""大人的事儿，小孩不要管，管好你自己的学习就行！"……各位妈妈可以回想一下，你有没有对孩子说过这样的话呢？恐怕大多数妈妈的回答都是肯定的吧！

大人的事情，不愿意告诉孩子，家里的重大决策，也不会去征求孩子的意见，这似乎是如今大多数家庭的通病。但其实，孩子作为这个家庭的一员，他（她）有权利也有责任了解这个家庭里的事情。只有让孩子参与家庭决议，这样的家庭才够民主，孩子才能从中体会到来自家人的尊重，同时也能培养孩子的责任感和独立意识。让孩子知道"这件事情和我有关，我必须好好想一想！""这是家庭的事情，我不只要为自己考虑，还要多为爸爸、妈妈想想。"

想要让孩子参与到家庭生活当中，最直接有效的方式就是家庭会议。我们家只要有大事需要大家共同表决的时候，就会组织大家开一次家庭会议。比如装修房子、购买贵重的物品、安排假期旅游等。大家在晚饭后抽出一小段时间来，集体商讨、做出决定。小豆也会参与到其中，发表她对于这件事的看法。一开始的时候，小豆也不太会发表自己的观点，或者说出来的提议会听着有些幼稚，经多很多次讨论之后，慢慢地，她就懂得了思考，会判断这个决定是否正确，考虑自己的提议会不会得到爸爸妈妈、爷爷奶奶的支持。

当然，让孩子做些简单的家务，也是让他们参与到家庭生活中的一个好方法。在做家务的过程中，孩子会慢慢了解到，父母做家务不易，维持一个家庭的正常生活到底要花费多少劳动和金钱，了解到想要营造一个温馨的家庭氛围，每个人都必须各司其职，也必须互相帮助。

高尔基说："所有的人毫无例外都是为了美好的将来活着，所以一定要尊重每个人。"孩子在与父母一起共建幸福家庭的过程中，得到的尊重，获得的成长经验，将是他们一生受用的财富！